KREATIVES HOBBY

KORBFLECHTEN

Ideen und Anregungen für eigene Kunstwerke

POLLY POLLOCK

KÖNEMANN

This book was designed and produced by
Quintet Publishing Limited
6 Blundell Street
London N7 9BH

Creative Director: Richard Dewing
Designer: Ian Hunt
Project Editor: Stefanie Foster
Copy Editor: Michelle Clark
Illustrator: Jeremy Siddall
Photographer: Ian Howes

Original title: Basket-Making

Bonner Str. 126, D-50968 Köln
Übersetzung aus dem Englischen:
Dagmar Freytag, Bensheim
Redaktion und Satz der deutschen Ausgabe:
Thomas Heider, Bergisch Gladbach
Druck und Bindung: Sing Cheong Printing Co., Ltd.
Printed in Hong Kong, China

ISBN 3–8290–0345–5

Inhalt

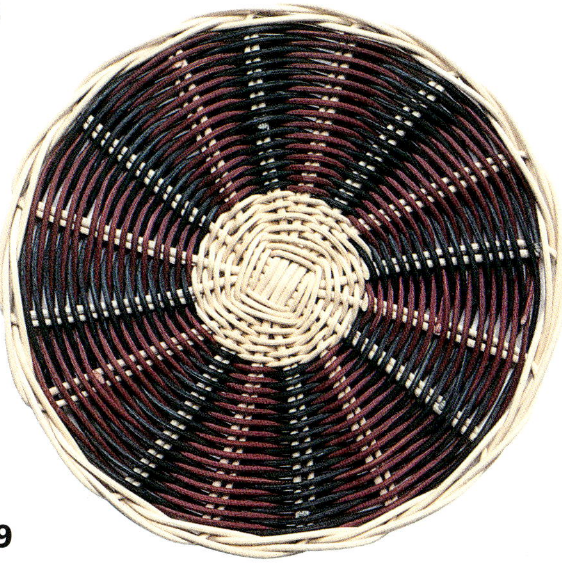

Einführung

Korbflechten ist eine sehr alte Handwerkskunst, vermutlich sogar älter als das Töpfern oder Weben, und kann auf mehrere tausend Jahre Geschichte zurückblicken.

Die ersten Körbe waren vermutlich schlichte Wegwerfbehälter. Sie wurden dort, wo man gerade war, nach Bedarf gefertigt, zum Beispiel, um gesammelte Lebensmittel aufzunehmen und zu transportieren. Solche Körbe gibt es heute noch; in manchen Teilen Südostasiens bekommt man wahrscheinlich immer noch eher einen grob geflochtenen Palmwedel-Beutel für die Einkäufe in die Hand gedrückt als eine Plastiktüte. Diese Sorte Korb entsteht aus allem, was leicht zu beschaffen und schnell in die gewünschte Form zu bringen ist.

Im Lauf der Jahrhunderte paßte sich das Korbflechthandwerk immer mehr dem Erfordernis an, die Dinge im Inneren sicher aufzubewahren, von Eiern bis Abfall. Die einzelnen Formen spiegeln die vielfältigen Funktionen wieder, dem die Flechtwerke dienten; Fallen für Fische und Hummer, Serviertabletts oder Küchenmatten, Transportkörbe für Brieftauben, Hüte gegen Sonne und Regen, selbst einfache Hütten und nicht zuletzt auch die vielen Körbe für alle möglichen Alltagsgegenstände. Wer eine völkerkundliche Abteilung im Museum besucht, wird vermutlich auf einige der vielseitigen Funktionen treffen, die das Korbflechten erfüllt.

Korbflechten ist also nicht nur eine sehr alte Volkskunst, es ist auch fast überall verbreitet. Viele Formen und Techniken haben sich unabhängig voneinander in verschiedenen Teilen der Erde entwickelt. Die Flecht-Techniken haben ihren Ursprung in den unterschiedlichen Materialien, die den Korbmachern zur Verfügung standen. Obwohl es eine Vielzahl von Flecht-Techniken gibt, kann man sie im wesentlichen in fünf Gruppen einteilen:

◊ Flechten mit Staken und Ruten
◊ Karo- und Diagonalgeflecht
◊ Wulst- bzw. Wulstwickeltechnik
◊ Zopfflechtarbeiten
◊ Knüpf- und Netzschling-Technik

In diesem Buch werden die ersten drei vorgestellt.

FLECHTEN MIT STAKEN UND RUTEN

Diese Technik eignet sich für sperrige Materialien wie Weide, Bambus und Peddigrohr. Peddigrohr wird für 4 Arbeitsvorschläge in diesem Buch verwendet.

Peddigrohr besteht aus den Schlingen einer Kletterpalme, die allgemein als Rotang- oder Rattan-Palme bekannt ist und vorwiegend aus Südostasien importiert wird. Wenn es zum Endverbraucher gelangt, hat es bereits mehrere Veredelungsverfahren durchlaufen, damit daraus lange Ruten entstehen, die in Bündeln zu je 1/2 kg angeboten werden. In einem Verfahren wird es so gepreßt, daß man Rohre von unterschiedlicher Stärke erhält, die den Durchmesser des Rohrs in mm angeben. Die Größeneinteilung schwankt von äußerst feinem Rohr (Nr. 000, i.e. 1 mm im Durchmesser) über mittlere Stärken (Nr. 5 mit 2,5 mm und Nr. 6 mit 2,65 mm) bis hin zu Henkelrohr (das 8 oder 10 mm im Durchmesser beträgt). Welche Stärke man verwendet, hängt zum einen von der geplanten Größe und dem Verwendungszweck des Korbes ab, und zum anderen von der Position und Funktion des betreffenden Rohrs innerhalb des Korbs.
So sind zum Beispiel Bodenstöcke dicker als Seitenstaken.

Das fertige, naturbelassene Rohr hat eine cremige Farbe und wirkt meist spröde und leblos, obwohl es durch verschiedene Webtechniken interessante Muster erhält. Da sich Peddigrohr aber sehr leicht färben läßt, kann man viele Farb- und Musterkombinationen ausprobieren.

KARO- UND DIAGONALGEFLECHT

Bei dieser Flechtmethode arbeitet man mit Materialien, die von Natur aus als lange, flache, bandähnliche Streifen auftreten (oder dazu gemacht werden können), etwa Palmblätter oder Birkenrinde.

Schon immer haben Korbflechter das verarbeitet, was sie ohne viel Aufwand beschaffen konnten und was zum Verflechten geeignet war. In einer modernen, städtischen Umgebung paßt auch ein aufgetrennter Pappkarton in dieses ökologische Konzept. Bemalt und in lange Streifen zerschnitten, sind sie ein hervorragendes Material für Karo- und Diagonalgeflechte – und sie kosten nichts!

WULSTWICKELTECHNIK

Während ein Staken- mit einem Karogeflecht noch vieles gemeinsam hat, ist die Wulstwickeltechnik anders geartet. Doch trotz der unterschiedlichen Techniken sind die verwendeten Materialien vielfach gleich oder zumindest ähnlich. So kann man die in Streifen geschnittenen Palmwedel auch dazu benutzen, einen Wulstkern aus Stroh oder Gräsern einzufassen. Manche Materialien sind sowohl zum Einfassen als auch für den Wulstkern selbst zu gebrauchen, zum Beispiel Bast, der aus den Blättern der Raffia-Palme gewonnen wird.

ZUR BENUTZUNG DIESES BUCHES

Dieses Buch ist in drei Abschnitte unterteilt, die sich im Hinblick auf die verwendeten Materialien und Techniken voneinander unterscheiden.

Der erste Vorschlag in jedem Abschnitt ist jeweils der schlichteste und vermittelt die Grundtechniken. Die folgenden Vorschläge erweitern diese Techniken und verfestigen bereits erworbene Fertigkeiten. Will man zum Beispiel den zylindrischen Korb auf Seite 19 anfertigen, ist es hilfreich, schon einige Böden hergestellt und etwas Übung mit den Flechttechniken zu haben, die bei den vorangegangenen Arbeiten für Platzdeckchen und Untersetzer gezeigt wurden. Falls Sie also noch nie einen Korb geflochten haben, werden Sie bessere Ergebnisse erzielen, wenn Sie Ihr handwerkliches Geschick schrittweise vervollkommnen, als wenn Sie sofort mit dem Einkaufskorb auf Seite 23 beginnen.

Bevor Sie irgendeine Arbeit in Angriff nehmen, sollten Sie zunächst die Einführung zu dem betreffenden Buchabschnitt lesen, denn dort finden Sie wichtige Informationen über Techniken, die Sie für die Arbeit an jedem Korb kennen müssen. Wenn eine Technik neu eingeführt wird, erscheint sie kursiv geschrieben, z. B. nun *das Bodenkreuz herstellen*. Dies besagt, daß Sie die betreffende Technik am Kapitelanfang nachschlagen können.

Es ist ferner sinnvoll, vor Beginn einer Arbeit die jeweilige Anleitung dazu vollständig durchzulesen, damit Sie eine Vorstellung davon bekommen, was Sie gerade tun und wie sich dieser Arbeitsschritt in die übrigen und in das Erscheinungsbild des fertigen Korbes einfügt.

Im Hinblick auf Werkzeug und Ausrüstung sind keine größeren Investitionen erforderlich, denn Sie brauchen nicht viel; und die wenigen, die Sie benötigen, sind »Low-tech«-Gegenstände. Vermutlich haben Sie ohnehin die meisten Dinge bereits zu Hause, z. B. Schere, Schnur oder Wäscheklammern. Bei den Werkzeugen, auf die Sie keinen direkten Zugriff haben, können Sie meist improvisieren, bis Sie sie kaufen oder leihen können. So kann man statt einer Ahle auch ein Schaschlikspießchen benutzen.

EIN HINWEIS FÜR LINKSHÄNDER

Alle Arbeitsanleitungen gelten für Rechtshänder, d. h., man arbeitet von links nach rechts. Für einen Linkshänder ist es aber viel leichter, von rechts nach links vorzugehen, und dies ist bei allen Vorschlägen ebenso möglich. Aus Platzmangel konnten jedoch die umgekehrten Anweisungen in diesem Buch nicht aufgenommen werden.

Ich hoffe, Sie haben Spaß daran, diese Gegenstände anzufertigen und, was genauso wichtig ist, sie auch zu benutzen.

KAPITEL 1

PEDDIGROHR VERWENDEN

EINFÜHRUNG

Für die vier Projekte dieses Abschnitts wurde Rohr in folgenden Stärken verwendet:

◊ Henkelrohr (8 oder 10mm)
◊ Nr. 14
◊ Nr. 11
◊ Nr. 8
◊ Nr. 5

Wer die exakte Stärke, die für eine bestimmte Arbeit angegeben wird, nicht bekommen kann, kommt mit einer Stärke mehr oder weniger meist ebensogut zurecht. So kann man den Unterschied zwischen Nr. 5 (2,5 mm) und Nr. 6 (2,65 mm) durchaus vernachlässigen – ganze 0,15 mm!

TECHNIKEN, DIE SIE KENNEN MÜSSEN, UM DIE ARBEITEN ANZUFERTIGEN

Viele Techniken werden in den späteren Anleitungen oft angewendet; diese Techniken werden auf den folgenden Seiten erläutert. Welche Techniken zum Einsatz kommen, ist bei jeder Anleitung unter den Materialien aufgelistet. Im Verlauf der Schritt-für-Schritt-Anleitungen sind die Hinweise auf diese Techniken immer dann kursiv gedruckt, wenn sie zum ersten Mal verlangt werden. Solange Sie mit den Techniken noch nicht vertraut sind, ist es am besten, sich die entsprechenden Abschnitte vor Beginn der Arbeit noch einmal durchzulesen, denn dort finden Sie Tips und klar verständliche Erläuterungen. In den Arbeitsvorschlägen selbst sind sie weniger detailliert beschrieben.

PEDDIGROHR VORBEREITEN

Rohr sollte immer feucht verarbeitet werden, im trockenen Zustand ist es zu brüchig. Zu langes Einweichen kann jedoch das Rohr häßlich verfärben. Verwenden Sie also möglichst heißes Wasser dazu. Als grobe Richtschnur gilt: Die dickeren Rohrstärken sollten maximal 5–10 Minuten im heißen Wasser weichen. Je dünner das Rohr, desto kürzer das Einweichen. Versuchen Sie ein Gefühl dafür zu entwickeln, wie lange die verschiedenen Stärken im Wasser liegen müssen: Das Rohr ist fertig, wenn es sich im 90°-Winkel biegen läßt, ohne zu brechen.

Manche Rohrsorten brechen unglücklicherweise immer ein wenig. Um das Rohr bei der Arbeit feucht zu halten, sollten Sie es kurz abduschen oder mit einem Pflanzensprüher besprühen.

Denken Sie daran, Peddigrohr *niemals* in einem luftdichten Behältnis zu trocknen; es wird in erschreckend kurzer Zeit schimmelig.

Peddigrohr zuschneiden

Machen Sie es sich von Anfang an zur Gewohnheit, das Rohr schräg abzuschneiden. Von wenigen Ausnahmen abgesehen ist es sehr praktisch, wenn das Rohr am Ende spitz zuläuft, denn es läßt sich so viel leichter in vorhandenes Flechtwerk einsetzen oder in gewünschter Form in Lücken einfädeln.

Peddigrohr färben

Naturbelassenes Rohr sieht cremeweiß aus. Das Rohr nimmt Farbe jedoch hervorragend an, und es lohnt sich auszuprobieren, welch unterschiedliche Effekte man mit derselben Flechttechnik, aber unterschiedlich gefärbtem Rohr erzielen kann. Ein weiterer Vorteil des Einfärbens besteht darin, daß man eine Arbeit dem Farbschema eines bestimmten Raumes anpassen kann.

Es dauert nicht lange, Peddigrohr zu färben, aber es ist wichtig, die in der folgenden Färbe-Anleitung beschriebenen Sicherheitsvorkehrungen genau zu befolgen und in einem gut belüfteten Raum zu arbeiten.

Das eingefärbte Rohr kann man entweder sofort verarbeiten oder zuerst an einem trockenen, luftigen Ort austrocknen lassen. Bewahren Sie feuchtes Rohr niemals in einer Plastiktüte auf: Es verschimmelt sofort!

Material

◊ Gesichtsmaske
◊ Gummihandschuhe
◊ Einen alten Emaille-Topf oder -Eimer (er darf nicht mehr für Lebensmittel benutzt werden, da giftige Farbreste zurückbleiben können)
◊ Passende Farbe (genug für 1/2 kg Rohr)
◊ Fixiersalz für Heißwasser-Farben
◊ Kessel und Wasser
◊ Rührstab
◊ Alte Zeitungen

1 Rollen Sie 2 oder 3 Stränge Rohr rund zusammen, und verfahren Sie ebenso mit dem übrigen Rohr. Binden Sie das Rohr nicht zu fest, Sie erzielen sonst einen Bindebatik-Effekt. Weichen Sie das Rohr ca. 5 Minuten in heißem Wasser ein.

1

2

3

4

2 Färbebad vorbereiten. Setzen Sie die Gesichtsmaske auf, ziehen Sie Handschuhe an, und mischen Sie Farbe, Fixiersalz und Wasser im Eimer. Unbedingt Packungsanweisung beachten! Mit dem Stab gut durchrühren.

3 Legen Sie die eingeweichten Rohrbündel ins Farbbad. Damit das Rohr die Farbe gleichmäßig annimmt, färben Sie nicht zu viele Bündel auf einmal, und bewegen Sie diese im Farbbad ständig hin und her.

4 Sobald das Rohr schön kräftig durchgefärbt ist, spülen Sie es gut unter fließend kaltem Wasser ab.

EINEN RUNDEN BODEN FLECHTEN

Ein Bodenkreuz herstellen

Die Zahl der benötigten Bodenstäbe variiert von Arbeit zu Arbeit – die folgenden Anweisungen sind ein Beispiel für ein geschlitztes Bodenkeuz eines runden Korbes in klassischer »Staken-und-Ruten« Flechttechnik.

1

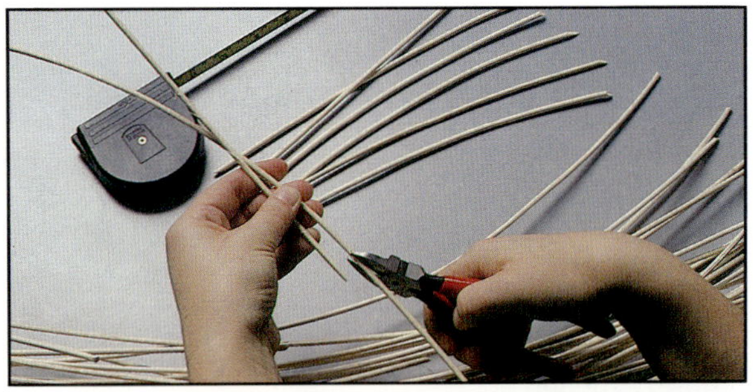

1 8 Bodenstöcke in der Länge zuschneiden, die dem Durchmesser des zu flechtenden Korbes plus 4–5 cm Randzugabe entspricht.

2

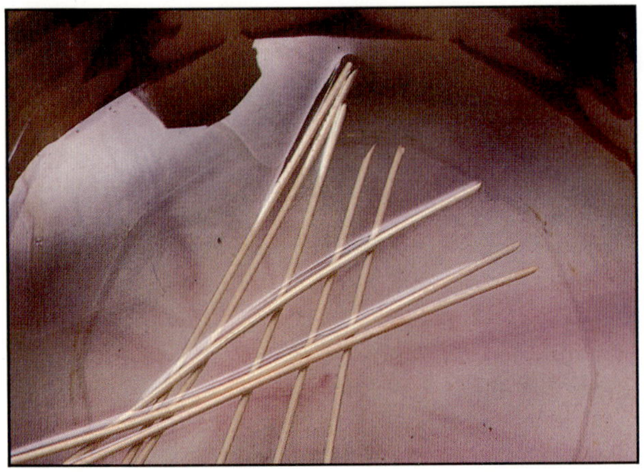

2 Die Bodenstöcke 5–10 Minuten in warmem bis heißem Wasser einweichen, damit sie geschmeidig werden.

3

3 Die Mitte eines Stocks mit einer Ahle durchbohren und auf die Ahle spießen. Vorgang mit 3 weiteren Stöcken wiederholen, so daß Sie 4 Stöcke auf der Ahle haben.

4

4 Ohne die Ahle zu entfernen, einen der übrigen Bodenstöcke durch die durchbohrten Stöcke ziehen. Dann Ahle herausziehen und die übrigen 3 Stöcke durch die Öffnung ziehen.

Verflechten des Bodenkreuzes (Fitzen)

1

1 Nehmen Sie eins der eingeweichten Flechtrohre, biegen es in der Mitte, und schlingen Sie es um einen Arm des Kreuzes (s. o.). Dies ist der erste Schritt zum »Fitzen«. Es sieht am ordentlichsten aus, wenn die Flechtrohr-Schlinge parallel zu den geschlitzten Bodenstäben liegt.

2

2 Das Bodenkreuz in der Linken, halten Sie das Flechtrohr so, daß sie links und rechts ein Flechtrohr haben, auch »Flechtfäden« oder »Ruten« genannt. Halten Sie den rechten Flechtfaden mit dem linken Daumen fest. Dann führen Sie jeweils den linken Flechtfaden im Uhrzeigersinn quer über den oberen Arm des Kreuzes, hinter dem rechten Arm entlang und wieder nach vorn, und geben dann dem Kreuz eine Vierteldrehung, entgegen dem Uhrzeigersinn.

3

3 Schritt 2 wiederholen, dabei das Geflecht straff halten. Arbeiten Sie so 3 Reihen. Dann ist das »Verflechten des Bodenkreuzes« beendet. Die Technik, die man für das Verflechten des Bodengeflechts verwendet, nennt man »Paarflechten« oder »Fitzen«.

4

5

6

Das Bodengeflecht fertigstellen

4 Die Arme des Bodenkreuzes werden nun paarweise aufgebrochen. Das macht man, indem man die Stöcke nach der 3. Reihe zu je 2 Stück fest auseinanderzieht und die Flechtfäden zwischen die Stakenpaare führt.

5 Fitzen Sie weiter, und brechen Sie in dieser Technik auch die übrigen Bodenstöcke auf, bis sich ihre Bodenstöcke in 8 Paaren und in gleichmäßigen Abständen rund um das Bodenkreuz verteilen. Flechten Sie 2 Reihen.

6 Nun brechen Sie die Stockpaare in einzelne Staken auf. Damit das Geflecht straff wird, ziehen Sie jeweils den linken Flechtfaden kräftig nach unten, während Sie ihn hinter die Stake führen. Die Spannung soll erhalten bleiben, wenn Sie den Faden nach vorn holen.

FLECHTTECHNIKEN

FITZEN ODER PAARFLECHTEN

1 Zu Beginn des Paarflechtens nach einer Kimme (z. B. als Seitengeflecht für den Zylinderkorb) legen Sie zwei Flechtfäden – **a** und **b** – in zwei aufeinanderfolgende Zwischenräume (zwischen Stake **1** und **2** sowie **2** und **3**).

2 Führen Sie Rute **a** (linker Flechtfaden) vor Stake **2**, über Faden **b** hinter Stake **3** und zwischen Stake **3** und **4** nach vorn. Führen Sie Rute **b** (jetzt linker Flechtfaden) vor Stake **3**, über Faden **a** hinter Stake **4** und zwischen Stake **4** und **5** nach vorn. Fahren Sie so fort. Führen Sie stets den linken Faden vor die 1. Stake, dann über den rechten Faden hinter die 2. Stake und vor der 3. nach vorn. Rute **a** verläuft dann vor Stake **6**, hinter Stake **7** usw.

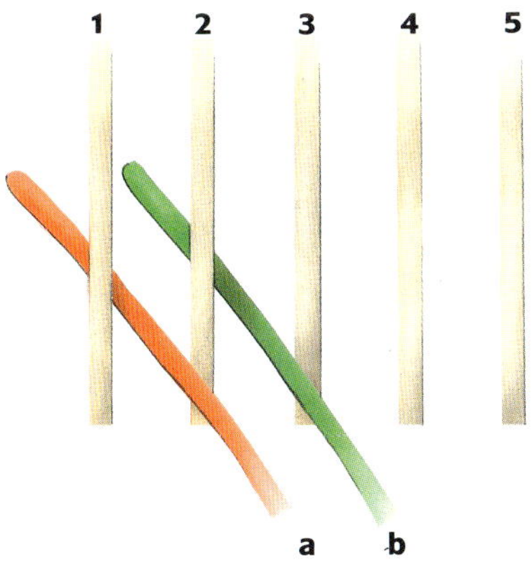

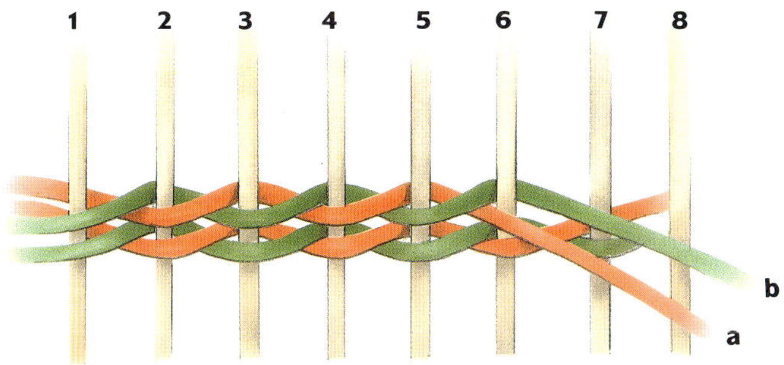

Ansetzen eines neuen Rohrs beim Fitzen

1 Etwa 5 cm bevor einer der Flechtfäden zu Ende geht, müssen Sie ein neues Flechtrohr ansetzen. Beim Fitzen muß dieses neu eingesetzte Flechtrohr immer das linke sein. Setzen Sie den neuen Faden – Rute **c** – wie abgebildet ein. Denken Sie daran, den neuen Faden an der linken Seite des Zwischenraums zwischen den Staken (**1** und **2**) einzusetzen; und zwar sowohl unter Faden **b** als auch unter den auslaufenden Faden **a**.

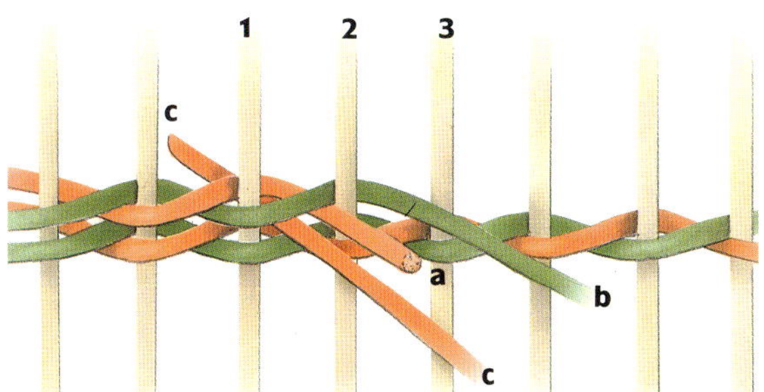

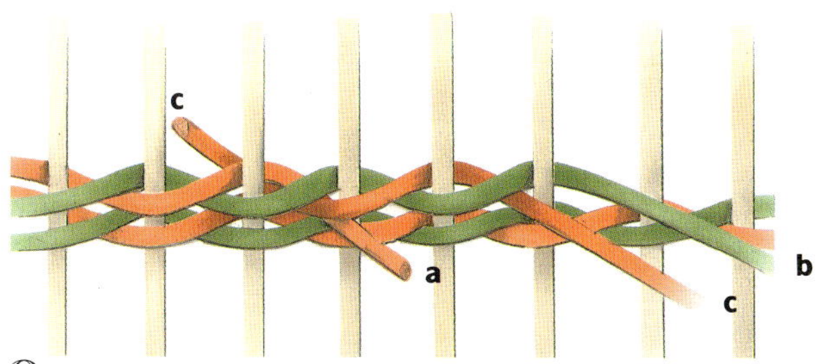

2 Nehmen Sie jetzt den neuen Flechtfaden **c**, und setzen Sie das Paarflechten fort. Führen Sie ihn über das alte Ende von **a** vor Stake **2** und hinter Stake **3**.

Das Fitzen abschließen
Am Ende der letzten Runde befestigen Sie das Geflecht, indem Sie das linke Flechtrohr nicht über dem vorhandenen Geflecht nach vorne führen, sondern unter dem obersten Rohr der Vorrunde durchstecken und so festklemmen. Der andere Flechtfaden wird dabei automatisch mit festgehalten.

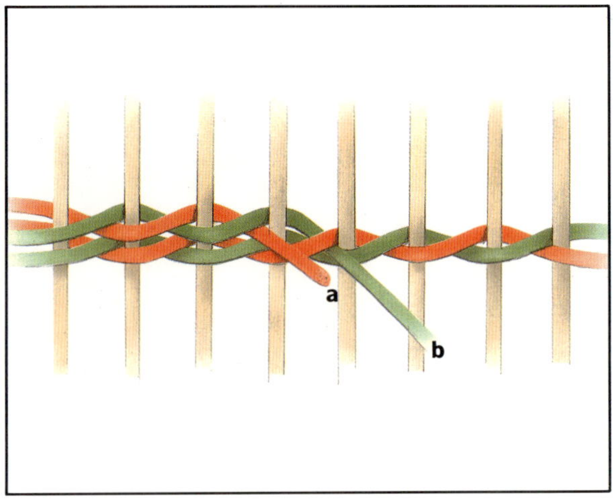

DAS KIMMEN MIT 3 FLECHTROHREN

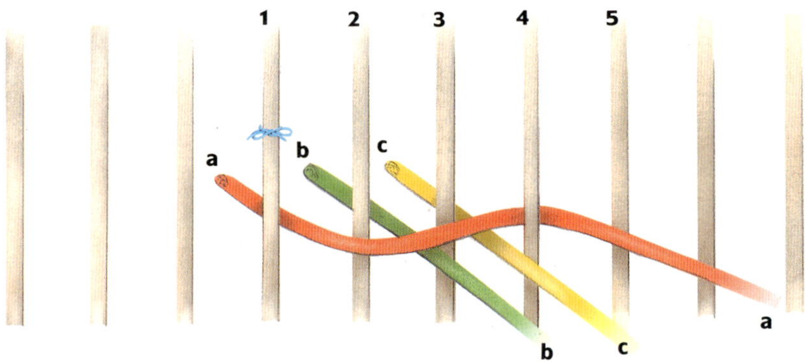

1 Legen Sie drei Flechtrohre (**a**, **b** und **c**, siehe Diagramm) in drei aufeinanderfolgende Staken-Zwischenräume.

2 Markieren Sie die Stake links vom linken Flechtrohr mit einem Stückchen Bindfaden.

3 Führen Sie das linke Flechtrohr (**a**) vor die nächsten beiden Staken (**1** und **2**), über die Flechtrohre **b** und **c** hinweg hinter 1 Stake (**3**) und zwischen Stake **3** und **4** nach vorn. Merke: Die Flechtrohre immer vor 2 Staken und hinter 1 Stake führen.
Prägen Sie sich das gut ein!

4 Führen Sie dann Flechtrohr **b** – das ist jetzt das linke Flechtrohr – vor 2 Staken (**2** und **3**), über die Rohre **c** und **a**, hinter 1 Stake (**4**) und zwischen Stake **4** und **5** wieder nach vorn.

5 Jetzt Flechtrohr **c** vor 2 Staken (**3** und **4**) führen, hinter Stake **5** und wieder nach vorn zwischen Stake **5** und **6**. Fahren Sie so fort, und arbeiten Sie immer mit dem linken Flechtrohr.

Eine »Stufe« in eine Kimme mit 3 Flechtrohren einlegen

Beim Kimmen mit Peddigrohr ist es üblich, am Ende jeder Reihe eine Stufe einzulegen, damit sich das Geflecht nicht wie eine Spirale aufrollt.

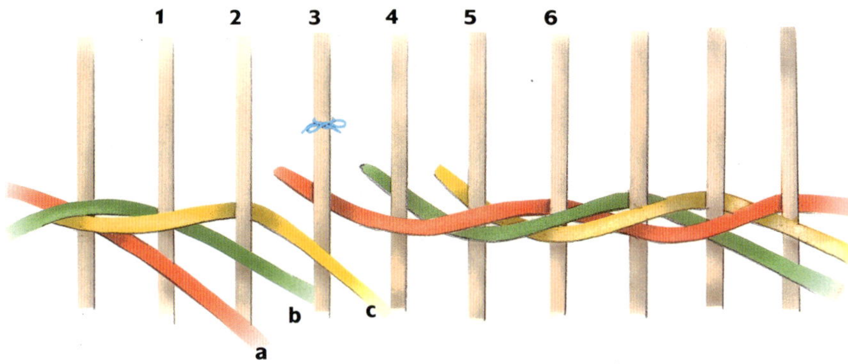

1 Diagramm mit der Position der Flechtrohre, kurz bevor die Stufe eingelegt wird. Merke: Das rechte Flechtrohr (**c**) befindet sich direkt vor der markierten Stake. Jetzt werden die Rohre je einen Arbeitsschritt in der umgekehrten Reihenfolge (**c** – **b** – **a**) verflochten.

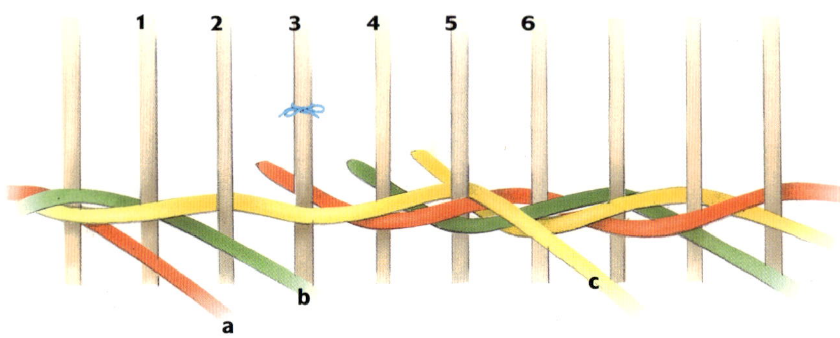

2 Führen Sie das rechte Flechtrohr (**c**) vor die Staken **3** und **4**, dann hinter Stake **5**.

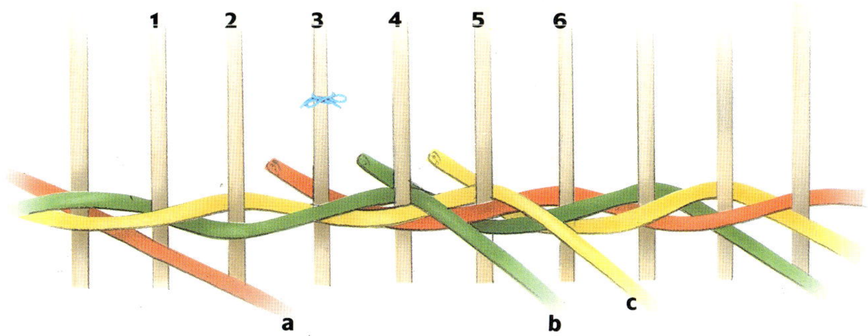

3 Führen Sie das mittlere Flechtrohr (**b**) vor die Staken **2** und **3**, dann hinter Stake **4**.

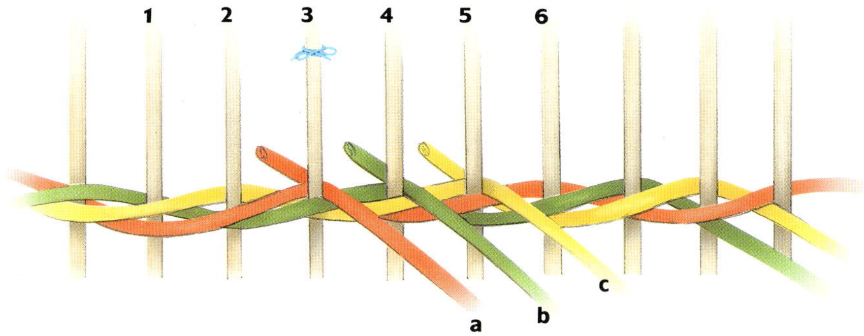

4 Führen Sie das linke Flechtrohr (**a**) vor die Staken **1** und **2**, dann hinter Stake **3**. Flechtrohr **a** liegt nun in dem Zwischenraum rechts neben der markierten Stake. Damit ist die Stufe abgeschlossen. Die nächste Runde kann nun wieder »normal« gekimmt werden, d. h., man beginnt mit dem linken Flechtrohr (**a**).

Ansetzen eines neuen Flechtrohrs beim Kimmen

1 Das anzusetzende Flechtrohr (**A**) muß links liegen.

2 Setzen Sie das neue Flechtrohr (**a**) in den Zwischenraum zwischen das alte Rohr (**A**) und Stake **1**, so daß es unter den Flechtrohren **b** und **c** liegt.

3 Kimmen fortsetzen – vor 2 Staken und hinter 1 usw. Nie in der Nähe einer Stufe ansetzen.

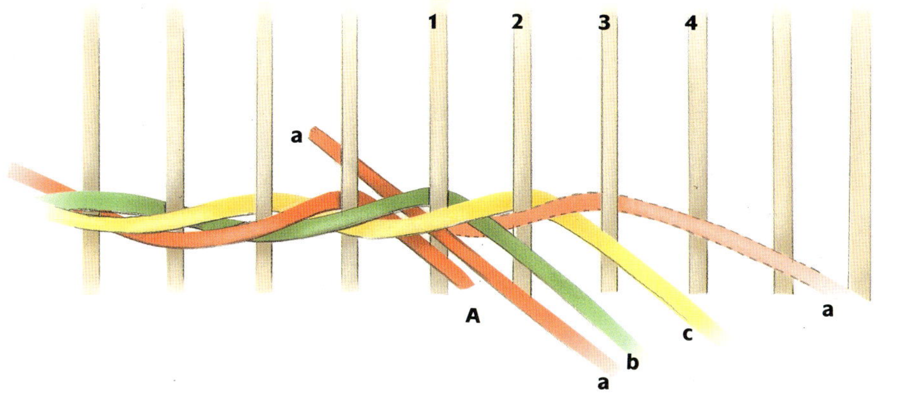

Das Kimmen mit 3 Flechtrohren abschließen.

1 Legen Sie eine Stufe wie oben beschrieben ein.

2 Stecken Sie jedes Flechtrohr unter die oberen zwei Rohre der Vorrunde ein wie folgt:
a unter **b** und **c**
b unter **a** und **c**
c unter **a** und **b**

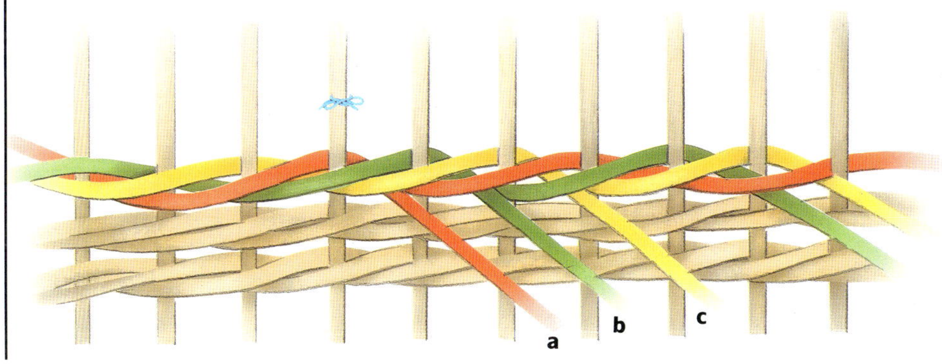

DAS KIMMEN MIT 4 FLECHTROHREN
Wie Sie vielleicht schon vermuten, ist diese Technik dem Kimmen mit 3 Flechtrohren sehr ähnlich. Der Unterschied liegt darin, daß die Flechtrohre vor 3 Staken (statt vor 2) geführt werden, bevor sie hinter 1 Stake gehen.

Eine »Stufe« in eine Kimme mit 4 Flechtrohren einlegen
Auch dabei verfährt man fast genauso wie bei der Stufe mit 3 Flechtrohren, außer daß man hierzu vier Arbeitsschritte benötigt, bei der man die Flechtrohre in umgekehrter Reihenfolge jeweils vor 3 Staken und hinter 1 führt, von rechts nach links.

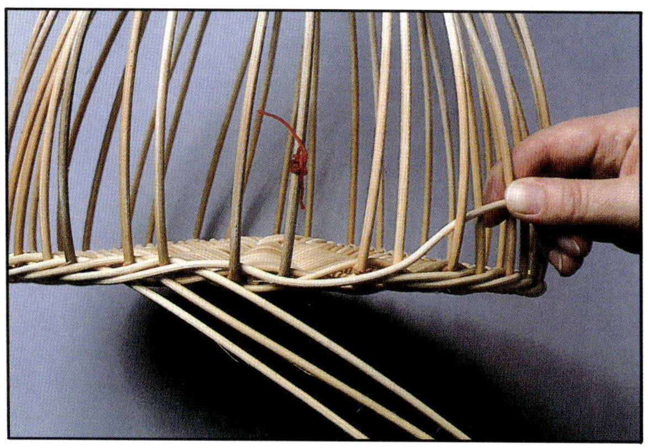

AUSPUTZEN

Das Ausputzen der Flechtrohre

Legen Sie die flache Seite des Seitenschneiders auf das Geflecht; schneiden Sie die vom Ansetzen auf beiden Seiten überstehenden Enden der Flechtrohre ab. (Diese Führung bewirkt einen Schrägschnitt, der eben mit dem Geflecht abschließt.) Merke: Es ist wichtig, daß das abgeschnittene Ende auf einem Bodenstock oder einer Stake liegt, sonst löst sich das Geflecht auf. Schneiden Sie z. B. bei einem runden Untersetzer die Endstücke nie ab, bevor der Rand nicht fertig ist. Das Flechten bedingt immer eine Bewegung, und zu kurze Endstücke können sich dabei lösen. Die Enden kann man mit Filzstiften nachfärben.

Ausputzen der Randstaken

Die Enden der Randstaken werden ähnlich wie die Flechtrohre abgeschnitten. Die Enden müssen leicht über die Staken ragen, über denen sie liegen, damit sie sich nicht lösen.

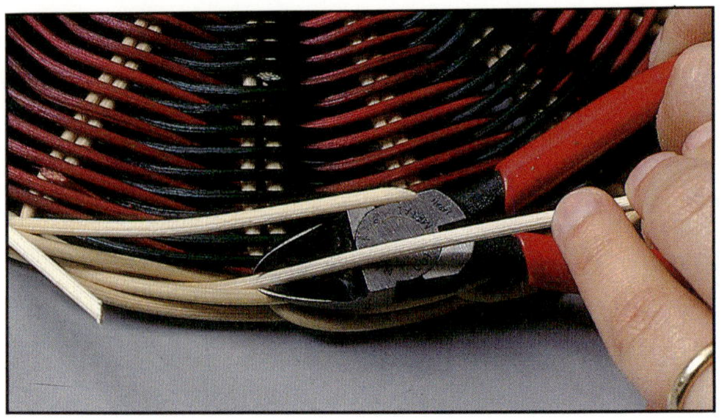

AUFSTAKEN

Das Aufstaken geschieht, wenn der Boden des Korbs fertig ist, und bezeichnet das Einführen von Seitenstaken in den Boden.

Schneiden Sie das Ende eines Bodenstocks eng am Geflecht ab. Dann führen Sie links und rechts daneben eine Seitenstake ein, indem Sie die Stake möglichst weit ins Geflecht schieben – wenn nötig, erweitern Sie den Kanal etwas mit einer Ahle. Verfahren Sie genauso mit den anderen Stöcken. Schneiden Sie aber nicht mehr als 1 oder 2 Bodenstaken auf einmal ab, sonst löst sich Ihr Geflecht auf. Weichen Sie den aufgestakten Boden 5–10 Minuten in heißem Wasser ein. Dann die Staken möglichst nah am Rand mit einer Rundzange flach drücken und aufbiegen, dabei die Staken oben zusammenhalten.

DIE BODENKIMME FLECHTEN

1

2

Die ersten Reihen Flechtwerk, nachdem das Aufstaken und Aufbiegen abgeschlossen und die Staken oben zusammengebunden sind, nennt man die »Bodenkimme«.

1 Legen Sie den Boden auf die Seite; das Stakenbündel weist jetzt von Ihnen weg. Setzen Sie nun 3–4 Flechtrohre – je nachdem, ob Sie mit 3 oder 4 Rohren kimmen wollen – links neben 3 (oder 4) aufeinander folgende **Staken** in das Bodengeflecht ein. Mit einer Ahle können Sie falls nötig das Geflecht etwas erweitern. Binden Sie sofort ein Stückchen bunten Faden um die Stake links neben dem linken Flechtrohr.

2 Halten Sie den Boden weiterhin auf der Seite, und beginnen Sie nun mit dem Kimmen (siehe oben). Ziehen Sie die Flechtrohre beim Arbeiten nach unten, damit sich die Bodenkimme so eng wie möglich an das Bodengeflecht anschließt. Verteilen Sie die Staken während des Flechtens gleichmäßig um den Boden.

3

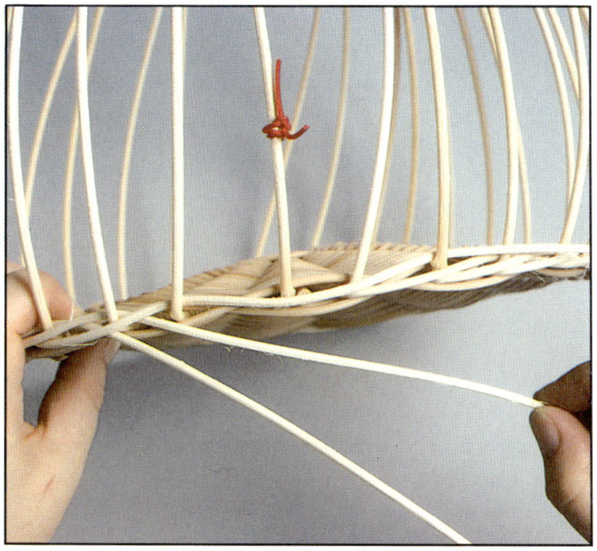

3 Wenn das rechte Flechtrohr sich in dem Zwischenraum links neben der markierten Stake befindet, legen Sie eine Stufe ein (Siehe links).

4 Stellen Sie den Korb auf den Boden und beschweren ihn innen mit einem Gewicht, damit er während des Flechtens ruhiger liegt. Die ersten paar Reihen sind entscheidend für die endgültige Form des Korbs. Wenn der Korb eine zylindrische Form erhalten soll, achten Sie darauf, die Staken im 90°-Winkel zum Boden zu halten, oder sogar **ganz leicht** nach außen geneigt.

4

HILFSSTAKEN EINSETZEN

Hilfsstaken werden meist rechts der Seitenstaken in die Bodenkimme gesetzt. Sie dienen der Verstärkung der Seitenwände. Man schneidet sie in der Höhe der Seitenwände (Schwankung berechnen!).

FORM DES KORBS KONTROLLIEREN

Wenn sich der Korb nach oben verbreitern soll, zieht man die Staken beim Flechten etwas zu sich, soll er sich verjüngen, zieht man sie von sich weg. Lösen Sie die Staken erst, wenn Sie glauben, daß sich die Seitenwände in der gewünschten Richtung aufbauen; dies sollte gegen Ende der Bodenkimme sein. Bedenken Sie, daß Sie die Form des Korbs bestimmen: durch ständige Kontrolle der Staken und des Geflechts mit den Händen. Um die Seitenwände zu formen, muß man sie ständig nachmessen! Halten Sie die Staken senkrecht, die Abstände dazwischen gleichmäßig und sorgen Sie dafür, daß jede Stake im selben Winkel nach außen oder innen weist.

PRÜFEN, OB DER KORBRAND GERADE VERLÄUFT

Markieren Sie sich ein zusätzliches Stück Rohr in der Länge, wo die Seitenwand am niedrigsten zu sein scheint, und benutzen Sie es, um die Korbhöhe rundum nachzumessen. Falls die Wand irgendwo zu hoch sein sollte, klopfen Sie sie vorsichtig mit einer Ahle herunter und kürzen gegebenenfalls die Hilfsstaken nach.

LACKIEREN

Einen Korb zu lackieren hat zwei Vorteile: Es legt eine Schutzschicht über das Rohr, die schmutzabweisend wirkt, und es intensiviert – bei gefärbtem Rohr – die Farben und macht sie haltbarer. Tragen Sie den Lack nicht zu dick auf. Er muß sorgfältig aufgepinselt werden, sonst »läuft« er zwischen die Ruten und sieht aus wie Klebstoff. Lackarbeiten soll man immer in einem gut belüfteten Raum ausführen und die Pinsel nach Gebrauch gründlich mit Spiritus reinigen!

Platzdeckchen

Diese einfache Arbeit ist eine ausgezeichnete Übung für Einsteiger. Die angewandte Technik ähnelt derjenigen, die auch für den Boden des Zylinderkorbs und des Einkaufskorbs benutzt wird.

Material

◊ Folgende Rohrstärken:
Nr. 11 für die Bodenstäbe
Nr. 5 für das Flechten (Fitzen)
Nr. 8 für die Randstaken
◊ Passende Farbe in 2 Farbtönen
◊ Fixiersalz
◊ Färbe-Ausrüstung (siehe S. 7)
◊ Seitenschneider
◊ Maßband
◊ Ahle
◊ Große Abwasch-Schüssel; warmes bis heißes Wasser
◊ Polyurethan- oder Acryllack, seidenmatt
◊ Malpinsel
◊ Pinselreiniger

Die angewandten Techniken

☞ Peddigrohr färben
☞ Peddigrohr zuschneiden
☞ Ein Bodenkreuz herstellen
☞ Das Bodenkreuz verflechten
☞ Fitzen
☞ Ansetzen eines neuen Flechtrohrs beim Fitzen
☞ Das Fitzen abschließen
☞ Ausputzen
☞ Lackieren
Siehe Seiten 6 bis 13

1

1 *Färben* Sie das meiste Rohrmaterial Nr. 5 in zwei Farben. Dann 8 Bodenstöcke zu je 26 cm Länge aus Rohr Nr. 11 *zuschneiden*. Die Stöcke in warmem Wasser 5–10 Minuten einweichen.

2

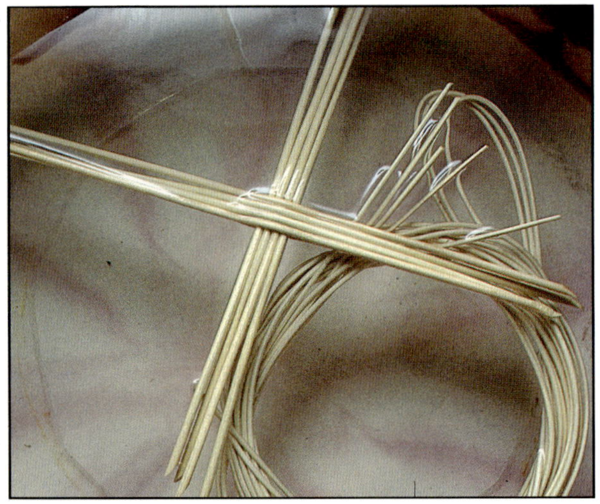

2 Mit den Stöcken *ein geschlitztes Bodenkreuz herstellen*, 4 durch 4 Stöcke. Weichen Sie das Bodenkreuz und das Rohr Nr. 5 in warmem Wasser 5–10 Minuten ein.

3

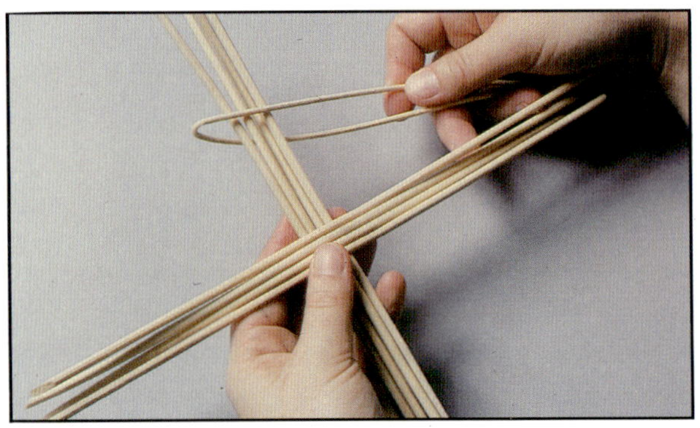

3 Mit ungefärbtem Rohr Nr. 5 *Bodenkreuz flechten* – 3 Runden *fitzen*. Kreuz in Stakenpaare aufbrechen; 2 Runden fitzen, dann mit einzelnen Staken 2 Runden so weiterverfahren.

4

4 7 Runden sind gefitzt. Ihre Stöcke sollten regelmäßig um die Arbeit stehen. Wechseln Sie zu gefärbtem Rohr, indem Sie vom gefärbten Rohr (Nr. 5) 2 *Flechtrohre ansetzen*.

5

5 Fitzen fortsetzen; darauf achten, daß die Bodenstöcke regelmäßig stehen. Denken Sie daran, daß das Deckchen flach aufliegen soll; die Bodenstöcke dürfen sich nicht verbiegen.

6

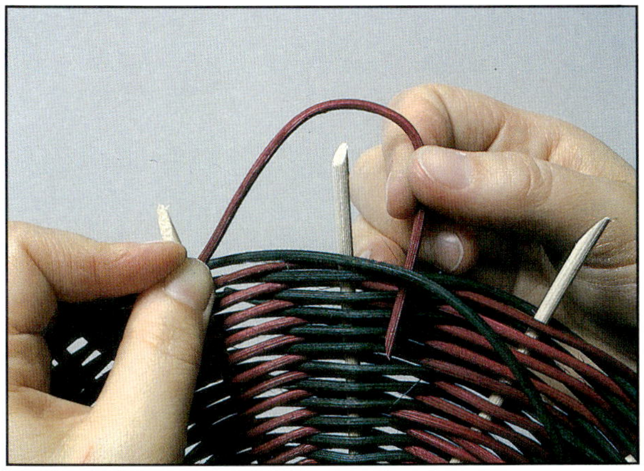

6 Noch 15 Runden weiterfitzen, dann *das Fitzen abschließen*. Besprühen Sie das Platzdeckchen von Zeit zu Zeit mit Wasser.

7

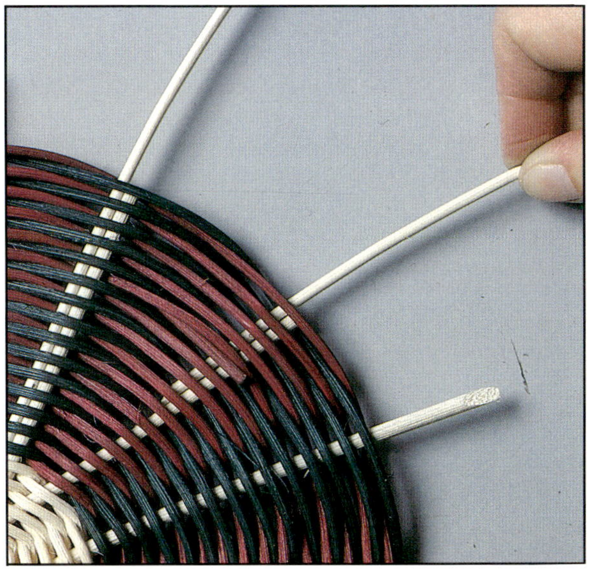

7 16 Randstaken à 34 cm Länge aus Rohr Nr. 8 schneiden. Mit der rechten Seite des Platzdeckchens nach oben – die Seite, die Sie bei der Arbeit angeschaut hat – schneiden Sie das Ende eines Bodenstocks eng am Geflecht ab. Stecken Sie nun eine Randstake links neben den Stock, indem Sie ihn bis zum Anfang des farbigen Geflechts einschieben. Notfalls das Geflecht mit der Ahle erweitern, damit sich die Stake leichter einsetzen läßt. Übrige Randstaken ebenso einsetzen; immer nur 1 oder 2 Stöcke gleichzeitig abschneiden, sonst löst sich das Geflecht auf.

8

8 Randstaken einweichen. Beginnen Sie den ersten Schritt des Randes mit der rechten Seite des Deckchens oben. Biegen Sie eine Stake nach rechts unten; führen sie vor die nächste Stake, hinter die übernächste und wieder nach vorn.

9

9 Setzen Sie die Arbeit mit jeder Randstake fort. Die letzten Staken müssen durch die verflochtenen Staken durchgezogen werden. Achten Sie darauf, dieselbe Abfolge einzuhalten, indem Sie sich genau an das bis dahin gewobene Randmuster halten.

10

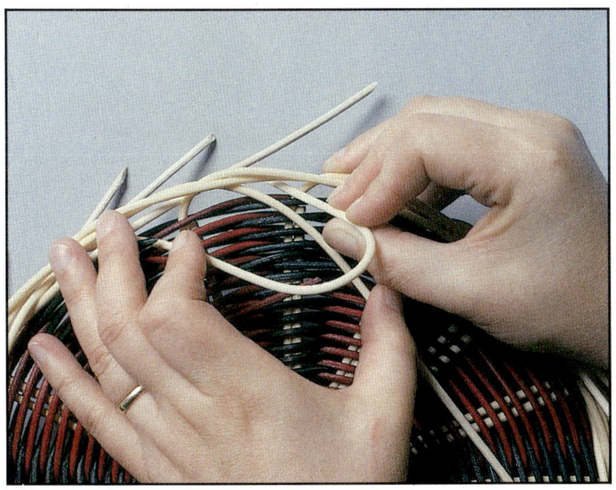

10 Für den Randabschluß führen Sie das Endstück jeder Stake vor die Stake rechts davon (stellen Sie sich vor, Sie stünde noch hoch) und über das Endstück, das nach rechts absteht. Stecken Sie es links neben der zweiten Stake auf der rechten Seite, zwischen der letzten Runde des farbigen Geflechts und dem Rand, nach hinten auf die Rückseite durch. Das Ende liegt jetzt hinter dieser zweiten Stake rechts. Wiederholen Sie diesen Vorgang mit allen Staken. Bei den letzten beiden Staken mit dem Muster aufpassen!

11 Die Endstücke der Flechtrohre, die auf beiden Seiten des Deckchens verblieben sind, *ausputzen*. Wenden Sie die Arbeit auf die linke Seite, verfahren Sie ebenso mit den Endstücken der Randstaken. Überziehen Sie das Platzdeckchen mit einer *Lackschicht*.

Untersetzer

Diese Unterlage ist etwas größer und dicker als das Platzdeckchen und führt eine neue Flechtart ein. Sie können diese Unterlage auch als Platzdekor verwenden oder als Untersetzer für heißes Geschirr. Die prägende Technik – die Kimme mit 3 Flechtrohren – läßt ein auffälliges, strahlenartiges Muster entstehen, wenn sie in 3 Farben und mit einer durch 3 teilbaren Zahl von Staken geflochten wird.

Material

◊ Folgende Rohrstärken:

Nr. 14 für die Bodenstäbe
Nr. 5 zum Flechten (Fitzen und Kimmen)
Nr. 11 für die Randstaken

◊ Passende Farbe in 2 Farbtönen
◊ Fixiersalz
◊ Färbe-Ausrüstung (siehe S. 7)
◊ Seitenschneider
◊ Maßband
◊ Ahle
◊ Große Abwasch-Schüssel und warmes bis heißes Wasser
◊ Polyurethan- oder Acryllack, seidenmatt
◊ Malpinsel
◊ Pinselreiniger

Die angewandten Techniken

☞ Peddigrohr färben
☞ Peddigrohr schneiden
☞ Ein Bodenkreuz herstellen
☞ Das Bodenkreuz verflechten
☞ Fitzen
☞ Ansetzen eines neuen Flechtrohrs beim Fitzen
☞ Kimmen mit 3 Flechtrohren
☞ Eine Stufe in eine Kimme mit 3 Flechtrohren einlegen
☞ Ansetzen eines neuen Flechtrohrs beim Kimmen
☞ Das Kimmen abschließen
☞ Ausputzen
☞ Lackieren

Siehe Seiten 6 bis 13

1

1 Knapp 1/3 des Rohrs Nr. 5 in einer der beiden Farben *färben*, und dieselbe Menge in der anderen. Dann 10 Bodenstöcke, je 36 cm lang, aus Rohr Nr. 14 *zuschneiden*; einweichen. Durchbohren Sie 5 in der Mitte mit der Ahle.

2

2 *Ein Bodenkreuz herstellen*, je 5 Stöcke ziehen. Weichen Sie das Kreuz und das ungefärbte Material (Nr. 5) 5–10 Minuten ein. Mit einer Rute ungefärbten Rohrs Nr. 5 *das Bodenkreuz verflechten*: 2 Runden *fitzen.*

3

3 Brechen Sie in der dritten Runde jede Seite des Bodenkreuzes wie folgt in 3 Gruppen auf: 2 Bodenstöcke links, 1 in der Mitte, 2 Stöcke rechts.

4

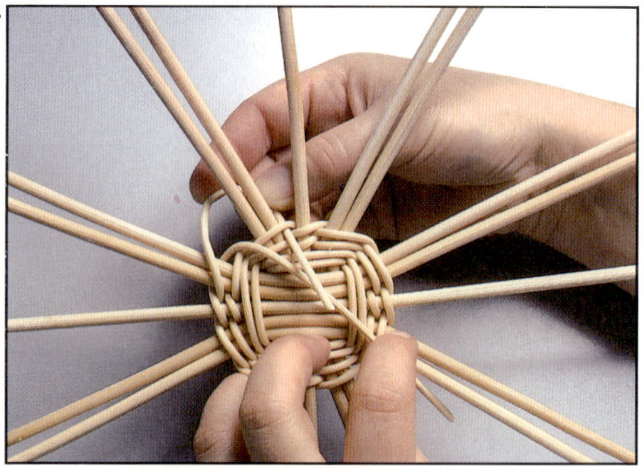

4 Am Ende der nächsten Runde *das Fitzen abschließen* – Sie haben also insgesamt 4 Runden gefitzt.

5

6

7

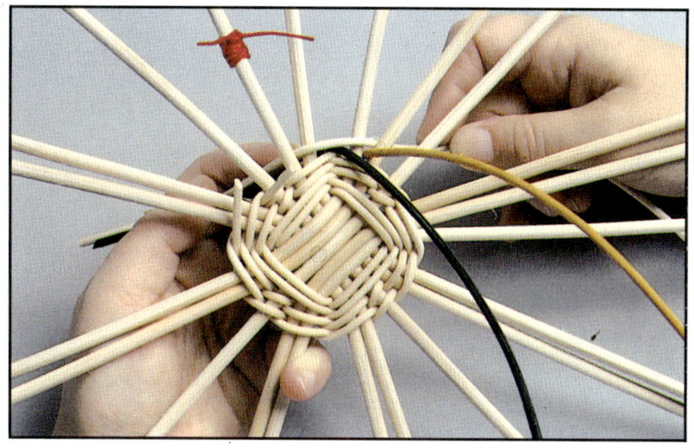

5 Setzen Sie die Ahle rechts neben einem Stakenpaar ein, um einen Kanal in dem Geflecht zu eröffnen.

6 Schneiden Sie aus Rohr Nr. 14 einen zusätzlichen Bodenstock von 15 cm Länge zu und setzen ihn in den Ahlenkanal ein. Schieben Sie ihn so tief wie möglich hinein. Dies ergibt eine Gesamtzahl von 21 Stöcken, eine Zahl, die durch 3 teilbar ist. Weichen Sie einige ungefärbte und einige gefärbte Rohre Nr. 5 ein.

7 Schieben Sie die Bodenstöcke einzeln auseinander. Legen Sie 3 Flechtrohre Nr. 5 (1 Naturrohr und 1 von jeder Farbe) in 3 aufeinanderfolgende Zwischenräume. Binden Sie eine Markierung um die Stake links vom linken Flechtrohr. Fangen Sie mit der Kimme nicht bei dem eingesetzten Zusatzstock an.

8

9

10

8 Beginnen Sie nun mit dem *Kimmen mit 3 Flechtrohren*, und brechen Sie beim Flechten die Stöcke in einzelne Staken auf.

9 Beim Kimmen mit Peddigrohr muß man am Ende jeder Runde *eine Stufe einlegen*, damit sich das Geflecht nicht spiralig aufrollt. Arbeiten Sie hier diese Stufe ein.

10 Beginnen Sie die zweite Runde wie die erste mit dem linken Flechtrohr. Setzen Sie die Kimme fort, und schließen Sie jede Runde mit einer Stufe ab. Evtl. können Sie *ein neues Flechtrohr ansetzen*, aber **nicht** an oder bei einer Stufe. Kimmen Sie 20 Reihen, und legen Sie am Ende der letzten Runde eine Stufe ein. Dann das *Kimmen abschließen*.

11

11 Schneiden Sie 21 Randstaken, je 34 cm lang, aus Rohr Nr. 11 zu. Drehen Sie die linke Seite der Arbeit nach oben, und schneiden Sie einen Bodenstock mit dem Seitenschneider eng am Geflecht ab. Dann die Randstaken rechts vom Bodenstock in den Flechtkanal einsetzen (den Kanal evtl. mit einer Ahle erweitern), dabei die Stake bis zum Beginn der Kimme schieben. Verfahren Sie mit den anderen Randstaken ebenso, aber schneiden Sie nur 1–2 Stöcke auf einmal ab, sonst löst sich das Geflecht auf.

12

12 Die Randstaken einweichen. Mit der rechten Seite nach oben flechten Sie nun die erste Stufe des Randes. Biegen Sie eine Stake rechts herunter und führen sie vor die nächste Stake, hinter die übernächste und wieder nach vorn.

13

13 Setzen Sie diesen Prozeß mit allen Randstaken fort. Die letzten Staken müssen durch die bereits verflochtenen Staken gezogen werden. Achten Sie darauf, die Abfolge beizubehalten, indem Sie sich an dem bereits vorhandenen Randgeflecht orientieren.

14

14 Um den Rand abzuschließen, führen Sie jedes Stakenende vor die Stake rechts daneben (stellen Sie sich vor, sie stünde noch) und über das Stakenende, das dort nach rechts herausragt, hinweg. Fädeln Sie es links neben der zweiten Stake auf der rechten Seite, zwischen der letzten Runde des farbigen Geflechts und dem Rand, nach hinten auf die Rückseite durch. Das Ende liegt jetzt hinter dieser zweiten Stake rechts. Wiederholen Sie das mit allen Staken. Bei den letzten beiden Staken mit dem Muster aufpassen!

15

15 Die Endstücke der Flechtrohre, die nach dem Ansetzen auf beiden Seiten des Platzdeckchens verblieben sind, *ausputzen*.

16

16 *Putzen* Sie die Enden der Randstaken ebenso aus. Schneiden Sie die Enden nicht zu kurz ab, das Geflecht löst sich sonst auf. *Lackieren* Sie den Untersetzer zum Schluß, damit er geschützt ist.

Zylinderkorb

Ein vielseitiger Korb, der ebenso als Blumenübertopf wie als Papierkorb Verwendung finden kann. Mit diesem Projekt erwerben Sie neue Fertigkeiten, zum anderen verbindet es alle bisher kennengelernten Techniken. Natürlich können Sie auf dem Zeichenpapier auch alternative Farbmuster entwerfen.

Material

◊ Folgende Rohrstärken:

Nr. 14 für die Bodenstäbe
Nr. 5 zum Flechten (Fitzen und Kimmen)
Nr. 8 für die Staken und Hilfsstaken

◊ Passende Farbe in 4 Tönen: dunkelbraun, mattrosa, sandgelb und orange
◊ Fixiersalz
◊ Färbe-Ausrüstung (siehe S. 7)
◊ Seitenschneider
◊ Maßband
◊ Ahle
◊ Rundzange
◊ Bindfaden
◊ Gewicht
◊ Große Abwasch-Schüssel und warmes bis heißes Wasser
◊ Polyurethan- oder Acryllack, seidenmatt
◊ Malpinsel
◊ Reinigungsspiritus
◊ Zeichenpapier und Buntstifte

Die angewandten Techniken

☞ Peddigrohr färben
☞ Peddigrohr schneiden
☞ Ein Bodenkreuz herstellen
☞ Das Bodenkreuz verflechten
☞ Fitzen
☞ Ansetzen eines neuen Flechtrohrs beim Fitzen
☞ Das Fitzen abschließen
☞ Kimmen mit 3 Flechtrohren
☞ Eine Stufe in eine Kimme mit 3 Flechtrohren einlegen
☞ Ansetzen eines neuen Flechtrohrs beim Kimmen
☞ Aufstaken
☞ Aufbiegen, Bodenkimme erstellen
☞ Das Kimmen abschließen
☞ Ausputzen
☞ Prüfen, ob der Korbrand gerade verläuft
☞ Lackieren

Siehe Seiten 6 bis 13

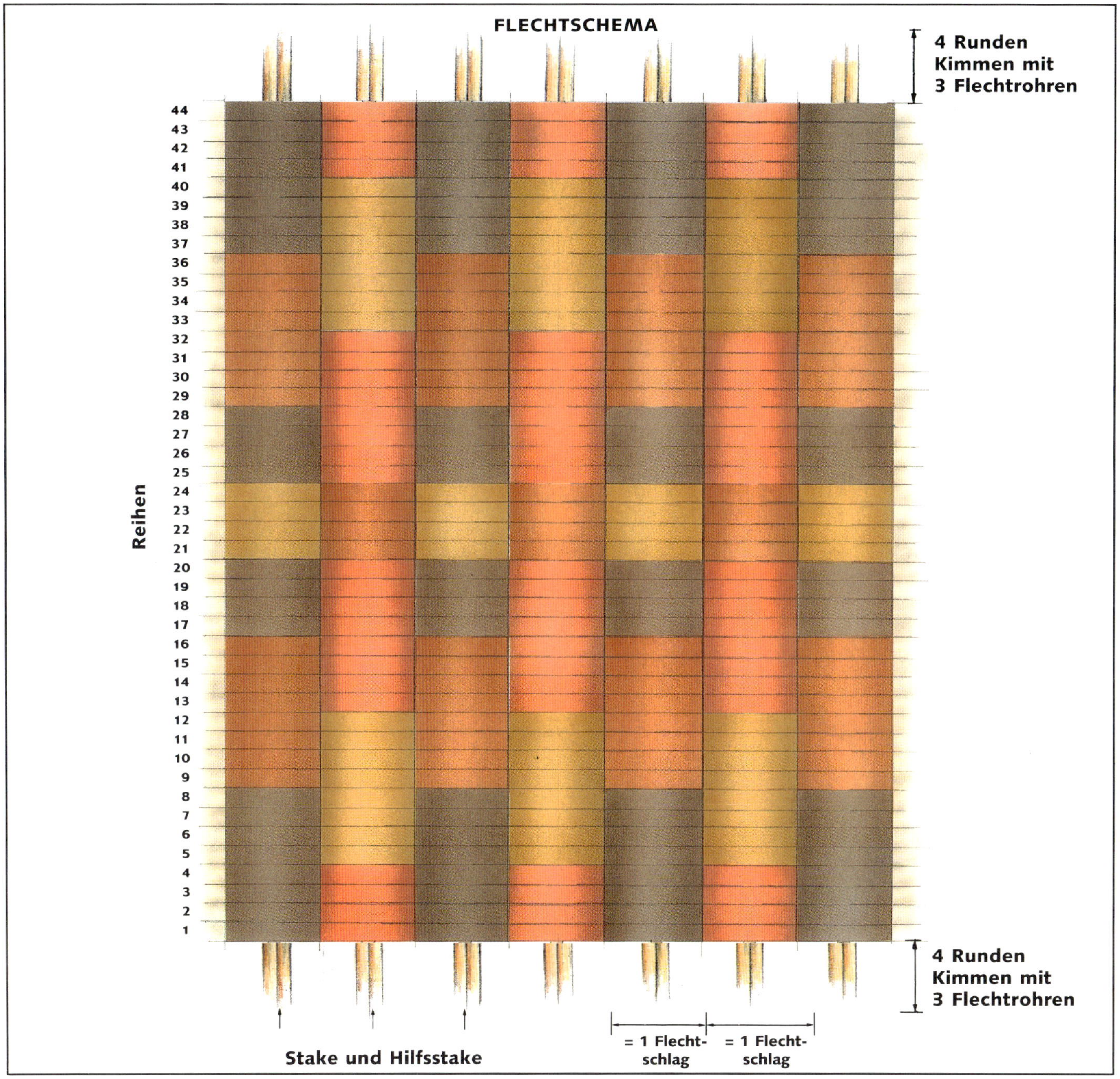

1

2

3

1 Den größten Teil des Rohrs Nr. 5 in 4 Farben *einfärben*. 8 Bodenstöcke à 32 cm aus Rohr Nr. 14 *zuschneiden*. Die Stöcke 5–10 Minuten im Wasser einweichen. Mit den Stöcken ein *»4 durch 4«-Bodenkreuz herstellen*. Bodenkreuz und Naturrohr Nr. 5 im warmen Wasser einweichen. Mit einer Rute ungefärbten Rohrs Nr. 5 *Bodenkreuz verflechten:* 2 Runden *fitzen*. In der 3. das Kreuz in Stakenpaare aufbrechen.

2 Fitzen Sie 2 Runden um die Stakenpaare, dann die Paare in einzelne Staken aufbrechen. Weiterfitzen, bis der Durchmesser ca. 23 cm beträgt. Biegen Sie die Stöcke während des Flechtens **sanft** von sich weg, so daß eine leichte Bodenwölbung entsteht – wie eine flache Untertasse. *Das Fitzen abschließen.*

3 Schneiden Sie 32 Staken à 62 cm aus Rohr Nr. 8 zu. Auf jeder Seite eines Bodenstocks eine Stake einsetzen und so den Boden *aufstaken*. Dabei jede Stake möglichst weit einschieben. Nehmen Sie notfalls die Ahle zu Hilfe, um den Einsetzkanal etwas zu erweitern. Weichen Sie dann den aufgestakten Boden und etwas ungefärbtes Flechtrohr (Nr. 5) 5–10 Minuten in Wasser ein.

4
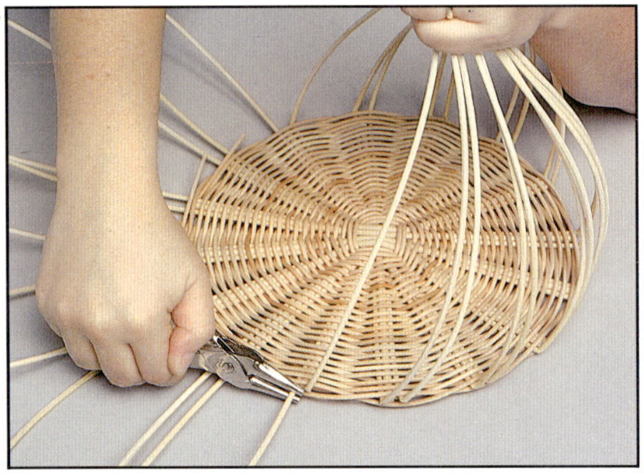

5

6

4 Flachen Sie jede Stake möglichst eng am Geflecht mit der Rundzange ab, und biegen Sie sie dann aufwärts. Halten Sie die aufgebogenen Staken mit der Hand zusammen.

5 Bündeln Sie die Staken ca. 30 cm oberhalb des Bodens mit einem Bindfaden so, daß die Mitte des Bündels direkt über der Bodenmitte steht. Dann mit 3 eingweichten Flechtrohren Nr. 5 *die Bodenkimme beginnen*. Stellen Sie den Korb nach der ersten Reihe auf seinen Boden, beschweren Sie ihn mit dem Gewicht. Für die *Bodenkimme* insgesamt 5 Runden *mit 3 Flechtrohren kimmen*, dann *das Kimmen abschließen* und die Staken aufbinden.

6 32 Hilfsstaken zu je 29 cm Länge aus Rohr Nr. 8 zuschneiden und rechts neben jeder Stake *eine Hilfsstake einsetzen*.

7

7 Nun mit dem Wandgeflecht beginnen. Legen Sie ein dunkelbraunes und ein mattrosa Flechtrohr Nr. 5 in zwei aufeinanderfolgende Stakenzwischenräume und fitzen Sie 4 Runden.

8 Am Ende der 4 Runde müssen Sie statt des mattrosafarbenen ein sandgelbes Flechtrohr Nr. 5 *ansetzen*. Weitere 4 Runden fitzen.

8

9

9 Setzen Sie für das braune Flechtrohr Nr. 5 ein orangefarbenes an, und fitzen Sie dann in der vom Flechtschema vorgegebenen Reihenfolge weiter, bis Sie eine Fitze von insgesamt 44 Runden geflochten haben. Die innerhalb des Korbs herausstehenden Flechtfäden können Sie während des Flechtens *ausputzen*. Lassen Sie aber die nach außen ragenden Enden, wie sie sind. Ferner müssen Sie ständig *die Form des Korbs kontrollieren*. Sollte er sich nach innen oder außen wölben, empfiehlt es sich, an dieser Stelle einige Runden aufzumachen und die Form zu korrigieren.

10

10 Legen Sie 3 Naturrohre Nr. 5 in 3 aufeinanderfolgende Zwischenräume, und markieren Sie die Stake links neben dem linken Flechtrohr mit einem Bindfaden für die Stufe. Beginnen Sie eine Kimme mit 3 Flechtrohren.

11

11 Kimmen Sie 4 Runden, dabei die *Stufe* am Ende jeder Runde nicht vergessen.

12

12 *Das Kimmen abschließen* und den Marker entfernen.

13

13 Indem Sie mit der flachen Seite des Seitenschneiders leicht auf das Geflecht drükken, schneiden Sie die Enden der Hilfsstaken ab und *prüfen, ob der Korbrand gerade ist* – evtl. putzen Sie die Hilfsstaken weiter aus. Die Grundstaken in heißem Wasser einweichen.

14

14 Nun den Rand flechten. Biegen Sie jede hochstehende Stake rechts nach unten, und führen Sie sie vor 2 aufrechte Staken und hinter 1 dritte Stake. Die Stake bleibt im Inneren des Korbs. Jetzt die Stake rechts daneben vor 2 aufrechte Staken führen und hinter 1 dritte. Arbeiten Sie so weiter bis zu den letzten 2 Staken.

15 Um die letzten 2 aufrechten Staken zu verflechten, führen Sie erst die linke Stake nach rechts unten vor die letzte aufrechte Stake sowie vor und unter die nächste, bereits verflochtene, Stake rechts. Das Ende liegt jetzt hinter der 2. Stake, die Sie verflochten haben. Zum Schluß führen Sie die letzte aufrechte Stake nach unten vor die 2 Staken rechts daneben und darunter durch, so daß sie hinter der dritten, von Ihnen verflochtenen Stake liegt. Alle Enden sollten nun im Korbinneren liegen.

15

16

17

18

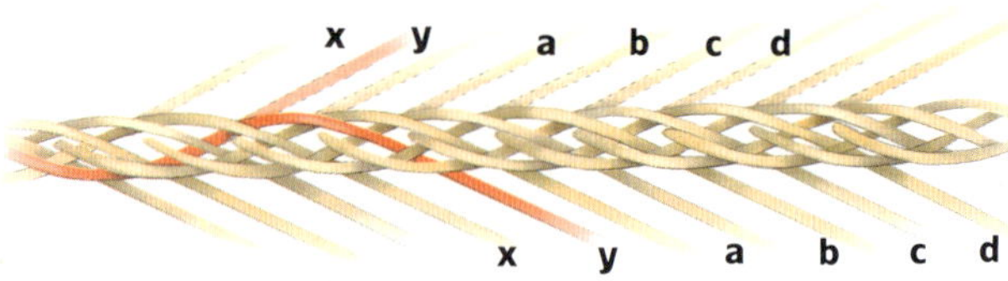

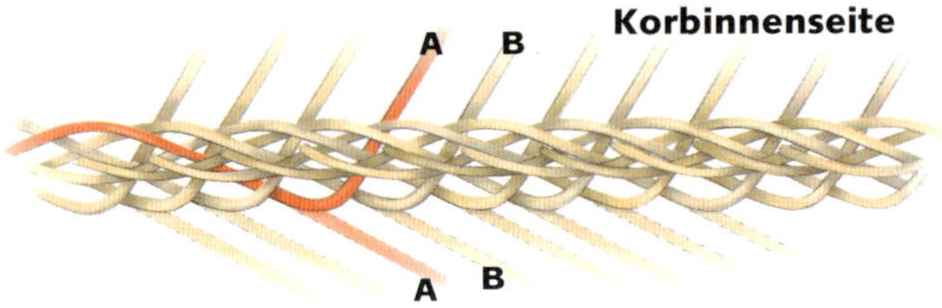

16 Für den zweiten Schritt des Randgeflechts bringen Sie die einzelnen Staken wieder nach außen, indem Sie jedes Endstück über die beiden Staken-Enden rechts daneben führen und dann zwischen Wandgeflecht und Rand hindurchfädeln.

17 Wenn innen nur noch 2 Staken (**x** und **y**) übrig sind, nehmen Sie die linke Stake (**x**) und führen sie hinter 2 Staken (**b** und **c** – stellen Sie sich vor, sie stünden noch aufrecht), über die letzte innen verbliebene Stake (**y**) hinweg und zwischen Rand- und Wandgeflecht nach außen. Führen Sie Stake **y** hinter zwei Staken (**c** und **d** – stellen Sie sie sich aufrecht vor) über **a** und **b** hinweg (stellen Sie sich vor, sie wären noch innen) und fädeln Sie **y** zwischen Rand- (unter **c** und **d**) und Wandgeflecht durch.

18 Um den Rand abzuschließen, müssen Sie jede Stake wieder nach innen flechten. Führen Sie jede Stake vor die nächsten 2 Staken rechts daneben (Stellen Sie sich vor, sie stünden noch), über das Staken-Ende, das dort nach rechts herausragt, hinweg und zwischen Wand und Randgeflecht hindurch nach innen. Sie sollte jetzt hinter der dritten Stake rechts liegen.

19

19 Wenn Sie sicher sind, daß der Rand in Ordnung ist, putzen Sie die Enden der Randstaken aus. Es ist besser, sie eine Idee zu lang zu lassen, als sie zu kurz abzuschneiden.
Die Flechtrohre außen ebenfalls ausputzen.
Zum Schluß *lackieren* Sie den Korb außen und innen.

Einkaufskorb

Es wäre eine Schande, nur Kartoffeln in diesem farbenprächtigen Korb herumzutragen – einige rote Paprika, eine gelbe Melone, grüne Äpfel und einige Auberginen passen viel besser dazu.

Material

◊ Folgende Rohrstärken:
Nr. 14 für die Bodenstäbe
Nr. 11 für Staken und Hilfsstaken
Nr. 8 für Kimmen mit 4 Flechtrohren
Nr. 5 für das Kimmen mit 3 Flechtrohren und zum Fitzen
Henkelrohr für den Randkern, die Henkelführung und den Henkel
◊ Passende Farbe in 4 Farbtönen: grün, türkis, rot und gelb
◊ Fixiersalz
◊ Färbe-Ausrüstung (siehe S. 7)
◊ Seitenschneider
◊ Maßband
◊ Ahle
◊ Bindfaden
◊ Gewicht
◊ Rundzange
◊ Trennschneider
◊ Große Abwasch-Schüssel und warmes bis heißes Wasser
◊ Polyurethan- o. Acryllack, seidenmatt
◊ Malpinsel
◊ Pinselreiniger
◊ Zeichenpapier und Buntstifte

Die angewandten Techniken

☞ Peddigrohr färben
☞ Peddigrohr zuschneiden
☞ Ein Bodenkreuz herstellen
☞ Das Bodenkreuz verflechten
☞ Fitzen
☞ Ansetzen eines neuen Flechtrohrs beim Fitzen
☞ Kimmen mit 4 Flechtrohren
☞ Eine Stufe in eine Kimme mit 4 Flechtrohren einlegen
☞ Kimmen mit 3 Flechtrohren
☞ Eine Stufe in eine Kimme mit 3 Flechtrohren einlegen
☞ Das Kimmen mit 3 und 4 Flechtrohren abschließen
☞ Prüfen, ob der Korbrand gerade verläuft
☞ Ausputzen
☞ Lackieren

Siehe Seiten 6 bis 13

1

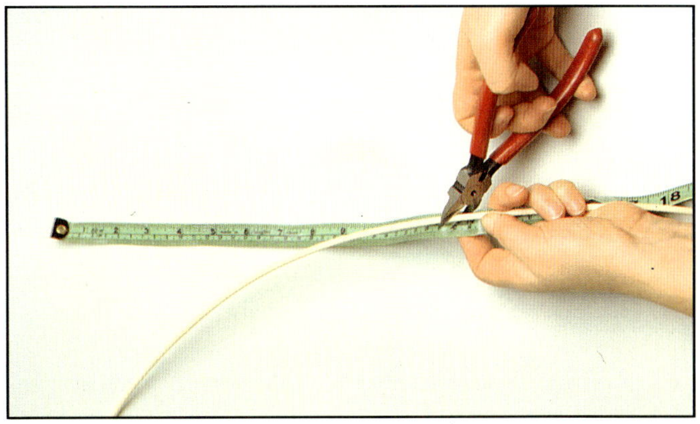

1 Den größten Teil des Flechtmaterials Nr. 5 in den vier Farben *einfärben*. Dann 9 Bodenstöcke, je 32 cm lang, aus Rohr Nr. 14 *zuschneiden*. Die Stöcke 5–10 Minuten im Wasser einweichen.

2

2 Mit den Stöcken *ein »fünf durch vier«-Bodenkreuz herstellen*, indem Sie 5 Stöcke durch 4 ziehen. Weichen Sie das Bodenkreuz und das Naturrohr Nr. 5 im warmen Wasser 5–10 Minuten ein, damit sie geschmeidig werden.

3

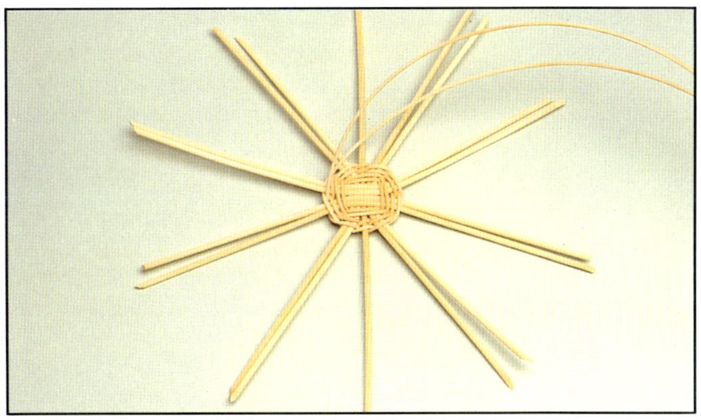

3 Mit einer Rute ungefärbten Rohrs Nr. 5 *das Bodenkreuz verflechten*, indem Sie 2 Runden *fitzen*. Brechen Sie in der 3. Runde das Bodenkreuz wie folgt auf: Die 4er-Gruppen paarweise, die 5er-Gruppen in ein Paar, eine Einzelstake und ein Paar. Merke: Die einzelne Mittelstake aus den 5er-Gruppen muß dabei gerade bleiben.

4

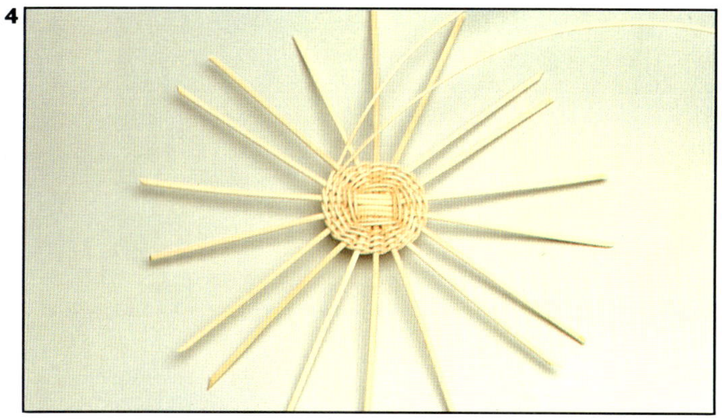

4 Brechen Sie in der 5. Runde die Paare in Einzelstaken auf. Lassen Sie dabei die Einzelstaken aus Schritt 3 gerade. Das ist später wichtig, denn sie dienen als Anhaltspunkte beim Positionieren des Henkels. Weiterfitzen, bis der Durchmesser ca. 22 cm beträgt. Biegen Sie die Stöcke beim Flechten sanft von sich weg, so daß eine **leichte** Bodenwölbung entsteht. *Das Fitzen abschließen*. Wegen der Bodenstöcke hat der Boden jetzt eine leicht ovale Form. Schneiden Sie 36 Staken à 60 cm aus Rohr Nr. 11 zu.

5
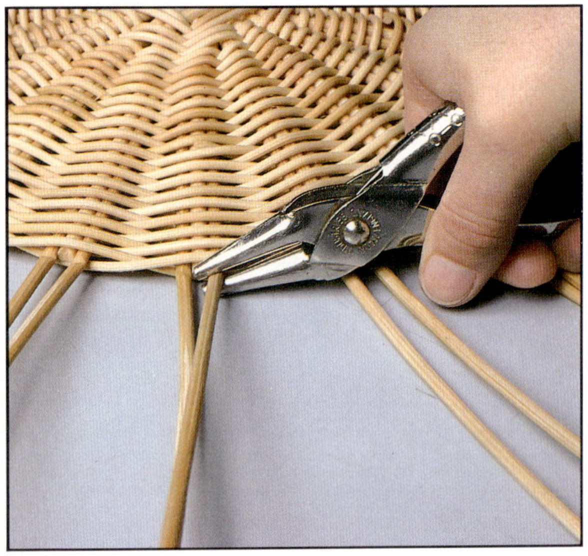

6

7

5 Auf jeder Seite eines Bodenstockes eine Stake einsetzen und so den Boden *aufstaken*, dabei jede Stake möglichst weit einschieben. Nehmen Sie evtl. die Ahle zu Hilfe, um den Einsetzkanal zu erweitern. Weichen Sie dann den aufgestakten Boden 5–10 Minuten in heißem Wasser ein. Flachen Sie jede Stake möglichst eng am Geflecht mit der Rundzange ab, und biegen Sie sie dann vorsichtig aufwärts. Halten Sie die aufgebogenen Staken mit der Hand zusammen.

6 Binden Sie die Staken etwa 30 cm oberhalb des Bodens mit einem Bindfaden zu einem Bündel zusammen. Setzen Sie 4 eingeweichte Naturrohre Nr. 8 links neben 4 fortlaufende Staken in den Boden ein. Das Zeichen an der Stake links neben dem linken Flechtrohr nicht vergessen! *Die Bodenkimme mit 4 Flechtrohren beginnen* und am Ende jeder Runde *eine Stufe einlegen*.

7 Stellen Sie den Korb nach der 1. Runde auf seinen Boden und beschweren ihn mit dem Gewicht. Ziehen Sie die Staken beim Flechten leicht zu sich heran, damit der Korb sich sanft verbreitert. Binden Sie die Staken am Ende der 3. Runde auf, sie sollten sich nun in dem Winkel nach außen neigen, in dem sich auch Ihr Korb verbreitern soll. Nach der 5. Runde *das Kimmen mit 4 Flechtrohren abschließen*.

8

9

8 36 Hilfsstaken à 22 cm Länge aus dem Rohr Nr. 11 zuschneiden und jeweils 1 rechts neben jeder Grundstake einsetzen.

9 Legen Sie 3 eingeweichte Rohre Nr. 5 in grün, türkis und rot in 3 aufeinanderfolgende Stakenzwischenräume, aber nicht über den Abschluß der Bodenkimme. Beginnen Sie jetzt mit einer *Kimme mit 3 Flechtrohren*; die Markierung für die Stufe nicht vergessen.

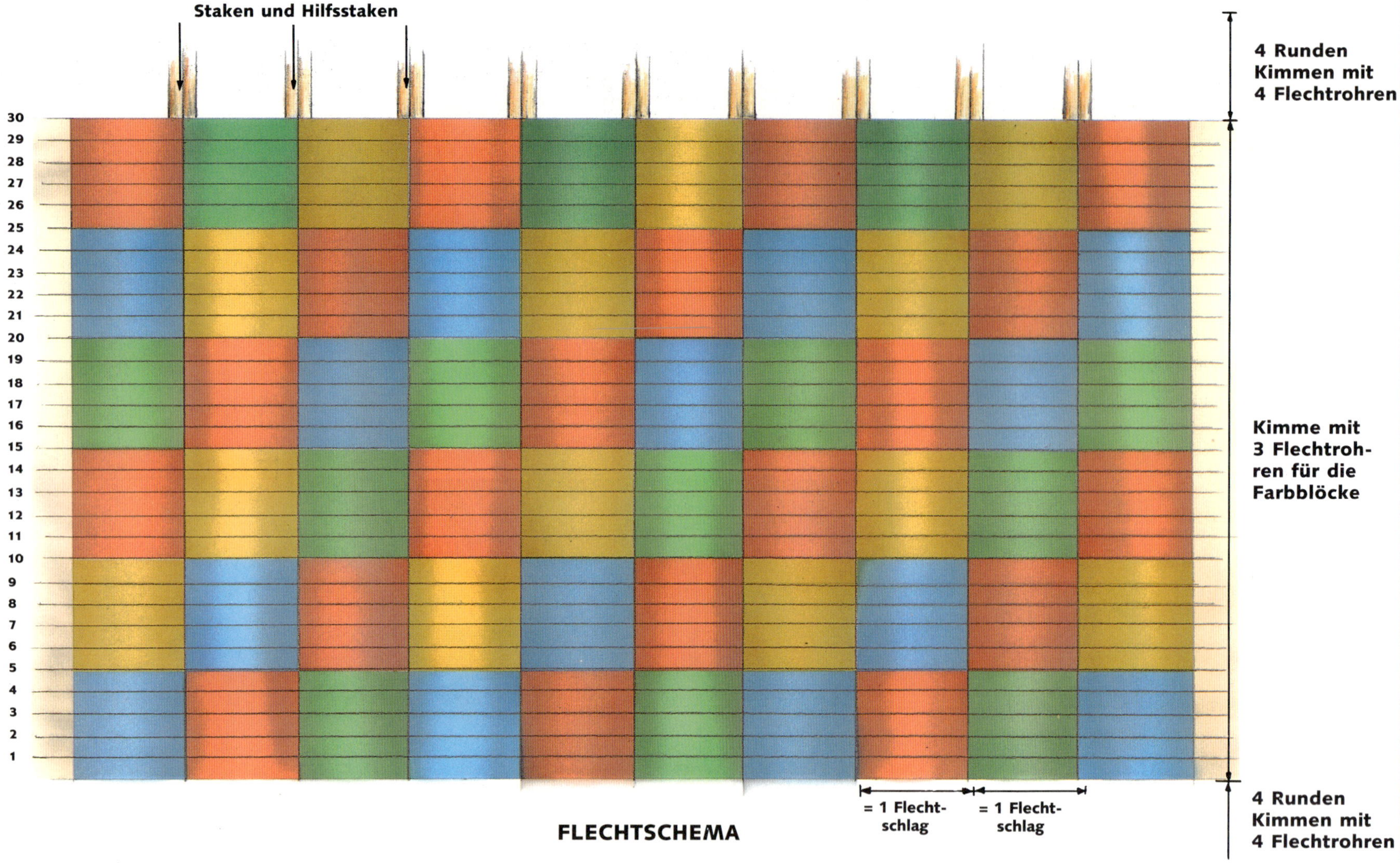

FLECHTSCHEMA

10 Kimmen Sie 5 Runden, und denken Sie an die Stufe am Ende jeder Runde. Dann *das Kimmen abschließen*. Legen Sie an einer anderen Stelle 3 Flechtrohre Nr. 5 wie folgt in 3 aufeinanderfolgende Zwischenräume: rot auf grün, türkis auf rot und gelb auf türkis. Markieren Sie die Stake für die neue Stufe – und legen Sie am Ende jeder Runde auch eine ein. Schließen Sie diese Kimme nach 5 Runden ab wie die vorige. Beginnen Sie eine dritte Kimme an anderer Stelle (den Marker für die Stufe nicht vergessen) und richten Sie sich nach dem Flechtschema, um zu sehen, welche Farbe wohin gehört.

10

11

11 Nach dem dritten Kimmeblock die Henkelführung anfertigen, indem Sie 2 je 30 cm lange Stücke Henkelrohr mit dem Trennschneider von 2 Seiten ca. 6,5 cm lang anschrägen.

12 Schauen Sie sich den Boden Ihres Korbs an, und stellen Sie fest, wo das Oval schmaler ist. Suchen Sie den mittleren Bodenstock aus der 5er-Gruppe und verfolgen ihn vom Kreuz bis zum Bodenrand (s. Abb.). An beiden Stockenden befinden sich zwei Seitenstaken. Stecken Sie die Henkelführung neben einer dieser Staken (die näher zur Mitte liegt) so tief, wie es geht, in den Flechtkanal, möglichst bis zum Boden. Suchen Sie das Gegenstück auf der anderen Seite, und setzen Sie dort die zweite Henkelführung ein. Prüfen Sie die Position der Henkelführungen von oben.

12

13 Um die ovale Form des Korbs zu verstärken, ziehen Sie ein langes Stück farbige Schnur durch das Geflecht: von einer Seite zur anderen, ein Stück außen entlang und wieder quer durch auf die andere Seite, und binden die Enden zusammen. Die Henkelführungen müssen sich an der schmalsten Stelle des Korbs gegenüberliegen (siehe Diagramm). Prüfen Sie, ob das von der Schnur geformte Oval die Form hat, die Sie sich vorgestellt haben, und ziehen Sie die Schnur ggf. noch etwas, aber nicht zu stark nach.

13

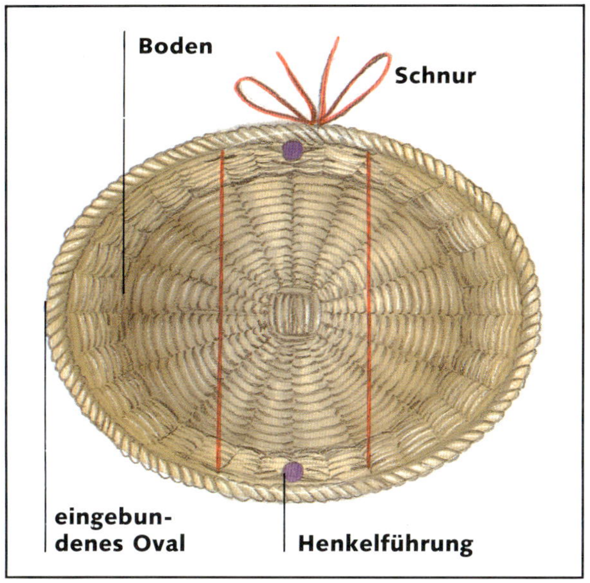

14 Setzen Sie die Kimmeblöcke mit 3 Flechtrohren nach dem Flechtschema fort; dabei die Henkelführungen und die danebenliegenden Staken wie eine behandeln. Nicht vergessen: Ständig *die Form des Korbs kontrollieren*, jeden Kimmeblock an einer anderen Stelle beginnen sowie stets die Stufe markieren und einlegen. Nach dem 6. und letzten Farbblock die Kimme mit 3 Rohren abschließen. Legen Sie nun 4 eingeweichte Naturrohre Nr. 8 in 4 aufeinanderfolgende Zwischenräume.

15 Kimmen Sie 4 Reihen mit 4 Flechtrohren, und denken Sie an die Stufe am Ende jeder Runde. Dann die Kimme abschließen.

14

15

16

17

18

16 Schneiden Sie nun die Enden der Hilfsstaken ab (Vorsicht, nicht die Grundstaken!) und *prüfen, ob der Korbrand gerade ist* – evtl. schneiden Sie die Hilfsstaken nach. Weichen Sie die Grundstaken gut in heißem Wasser ein. Nun mit der leicht auf dem Wandgeflecht aufliegenden Rundzange jede Stake abflachen.

17 Ein Stück Henkelrohr ca. 20 cm länger als den Umfang des Korbrandes zuschneiden. Daraus entsteht der Kern des Randes. Schrägen Sie eine Seite des Randkerns 8 cm ab. Legen Sie den Randkern außen auf den Rand vor eine Henkelführung und mit der schrägen Kante nach vorn. Der Rest des Kerns sollte rechts liegen. Binden Sie ihn mit etwas Schnur an der Henkelführung fest.

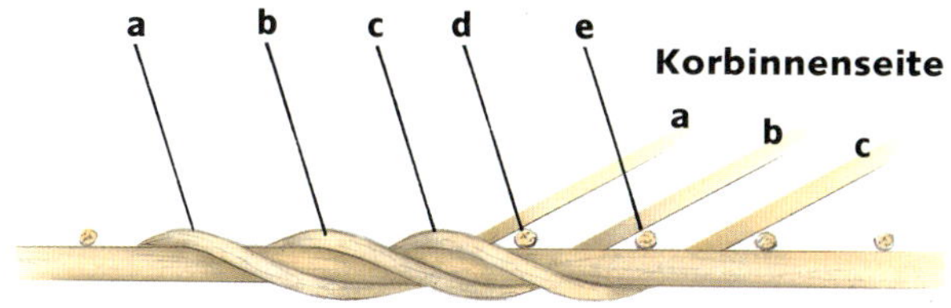

18 Arbeiten Sie jetzt die erste Stufe des Randgeflechts. Stake **a** wird um den Kern herum nach rechts geführt, vor die Staken **b** und **c**, dann unter dem Kern durchgezogen und kommt hinter Stake **d** zu liegen. Dann wird Stake **b** um den Kern herum nach rechts vor **c** und **d** geführt, dann unter dem Kern durchgezogen und kommt hinter Stake **e** zu liegen, usw., bis alle Staken auf der Innenseite des Korbs liegen.

19

20

19 Wenn Sie sich fast um den Korb herumgearbeitet haben, schneiden Sie das andere Ende des Randkerns ab und schrägen es innen so an, daß es genau auf das erste Stück paßt und wie ein einziger Strang aussieht. Den Bindfaden entfernen, den Kern an den Enden zusammen- und wieder an der Henkelführung festbinden. Beenden Sie nun die erste Stufe des Randes, indem Sie über die Nahtstelle hinwegflechten und sie so befestigen. Achten Sie darauf, die Abfolge des Musters einzuhalten.

20 Im zweiten Arbeitsgang für den Rand führt man die Staken erneut nach oben und um den Kern herum. Dabei folgt jede Stake dem Weg, den die Stake rechts von ihr vorgezeichnet hat. Führen Sie **a** wieder um den Kern herum, und folgen Sie dabei – auf der linken Seite – dem Weg von Stake **d**. Fädeln Sie sie dann zwischen Wand und Rand wieder nach innen. **a** liegt nun links neben **d** und bildet mit **d** ein Paar. Wiederholen Sie den Vorgang mit **b** und **c**, so daß sie Paare mit **e** bzw. **f** bilden. Fahren Sie mit dieser Arbeit fort, bis alle Stränge wieder einzeln – aus nacheinanderfolgenden Zwischenräumen kommend – rund um den Korb stehen.

21

Korbinnenseite

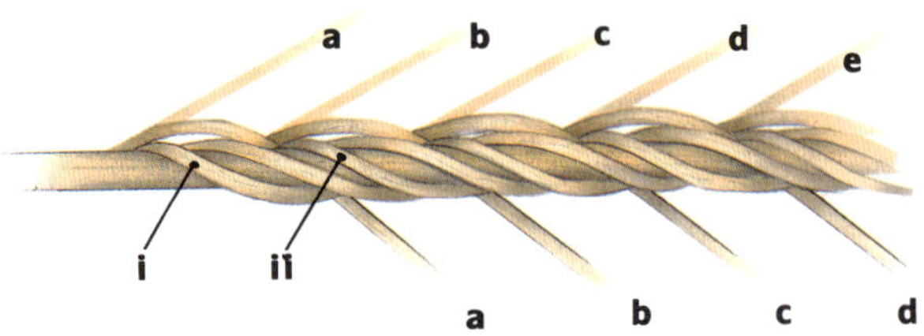

21 Führen Sie alle Enden wieder nach außen. Flechten Sie jedes Ende nach rechts hinter eine Stake (stellen Sie sich diese aufrecht vor), um das Endstück rechts daneben herum und ziehen es dann zwischen Wandgeflecht und Rand nach außen; vor der nächsten Stake, von der es gehalten wird. Führen Sie also **a** hinter **i**, um **b** und unter dem Rand direkt vor **ii** nach außen. Bringen Sie die restlichen Endstücke auf dieselbe Art nach außen.

24

24 Jetzt muß der Henkel verdübelt werden. Schneiden Sie 2 kleine Stücke von Rohr Nr. 11 zu. Stoßen Sie die Ahle zwischen der zweiten und dritten Runde der Kimme mitten durch den Henkel.

22

22 Prüfen Sie, ob das Randmuster korrekt verläuft und die Stakenspannung gleichmäßig ist, und putzen Sie dann Randstaken und Flechtrohre aus. Lassen Sie den Korb trocknen.

23 Schneiden Sie ein etwa 90–95 cm langes Stück Henkelrohr für den Henkel-»Bogen« zu. Schrägen Sie mit dem Trennschneider ein Ende von 2 Seiten ca. 5–6,5 cm lang an, und weichen Sie dann den Henkel kurz ein, damit er nicht brüchig wird. Entfernen Sie eine Henkelführung, und schieben Sie das spitze Ende des Henkels **mit der stärksten Schrägung nach innen** in denselben Flechtkanal. Biegen Sie den Henkel nun vorsichtig über den Korb hinweg, und messen Sie nach, wie lang er sein muß. Lassen Sie die Biegung ca. 14–15 cm über den Rand ragen, und rechnen Sie die Strecke ein, die das Rohr auf der anderen Seite durch das Geflecht geht. Schneiden Sie es nach Wunsch zu, mit einer abgeflachten Spitze wie auf der anderen Seite. Entfernen Sie die andere Henkelführung. Schieben Sie das zweite Henkelende fest durch den Flechtkanal nach unten. Korrigieren Sie den Henkel, bis Sie er gleichmäßig gebogen ist.

25

25 Stecken Sie schnell eins der zugeschnittenen Stücke von Rohr Nr. 11 durch das Loch, und putzen Sie dann die Enden (nicht zu kurz) mit der flachen Seite des Seitenschneiders zum Geflecht aus. Auf der anderen Seite ebenso vorgehen.

23

26

26 Um den Henkel zu beziehen, schneiden Sie 4–5 farbige Flechtrohre Nr. 5 in der fünffachen Länge des Henkelbogens zu und fädeln sie links vom Henkel durch das Geflecht, zwischen der Kimme mit 3 und der mit 4 Flechtrohren. Ziehen Sie die Enden nach innen durch, bis ca. die 1 1/2 fache Länge des Henkels innen liegt. Führen Sie nun die äußeren Enden schräg über den Henkelansatz und wickeln sie 3–4 Mal um den Henkel, so daß gleichmäßige Lücken zwischen den farbigen Rohr-»Bändern« entstehen. Passen Sie auf, daß sich die Rohre dabei nicht verdrehen.

27

28

29

27 Wenn Sie die andere Seite erreicht haben, führen Sie das »Band« wieder schräg vor den Henkel und ziehen es zwischen den Kimmen nach innen durch. Beide Seiten des Henkels sollten gleich aussehen, d. h., das bunte Schrägband verläuft jeweils von rechts oben nach links unten. Führen Sie das Band dann links vom Henkel wieder nach vorn, und wickeln Sie es in der Lücke zurück auf die andere Seite. Dort lassen Sie die Flechtrohre innen liegen. Wiederholen Sie diese Prozedur mit den langen Rohren, und lassen Sie diese auf der gegenüberliegenden Innenseite liegen.

28 Falls nach dem Wickeln noch Lücken vorhanden sind, wickeln Sie ein einzelnes Farbrohr dazwischen. Fädeln Sie die Enden dieses Rohrs mit den anderen nach innen. Es kann sein, daß Sie danach immer noch ein paar sehr enge Lücken »angrinsen«, aber diese läßt man am besten so, denn die obere Biegung ist länger als die untere.

29 Um die Henkel einzubinden, setzen Sie ein Farbrohr Nr. 5 rechts neben dem Henkelbogen ein. Ziehen Sie es nach außen, und wickeln Sie es 5 oder 6 Mal im Uhrzeigersinn um den Henkel, so fest Sie können. Ziehen Sie das Ende durch die Bindung und in dieselbe Schrägrichtung, in der auch die Rohre um den Henkel gewickelt sind. Schaffen Sie sich dafür evtl. mit der Ahle etwas Platz. Dann das Rohr fest anziehen. Lassen Sie es auf der Rückseite des Henkels und wiederholen Sie den Vorgang auf der anderen Seite des Korbs.

30 Mit dem Seitenschneider putzen Sie nun die Flechtrohre zum Überziehen und Binden des Henkels sorgfältig so aus, daß sie an dem Innenrand und den obersten Runden der Kimme anliegen. *Lackieren* Sie den Korb außen und innen.

KAPITEL 2

PAPPKARTON

EINFÜHRUNG

Zu den brauchbarsten Kartons für unsere Zwecke gehören die Großverpackungen für Haferflocken und Müsli in den Supermärkten. Man kann auch Knabbergebäckkisten verwenden, aber diese sind häufig aus minderwertigem Material, das leicht einreißt. Außerdem sind sie oft an einer Seite perforiert, damit das Verkaufspersonal sie aufreißen und zur Selbstbedienung in den Laden stellen kann. Das bedeutet, man braucht mehr Kartons. Ideal sind große Kartons, in denen vielleicht mal eine Duschkabine oder Waschmaschine verpackt war.

Wenn Sie in Ihrem Laden an der Ecke nachfragen, bewahrt man dort sicher ein paar passende Kartons für Sie auf. Viele Supermärkte stellen am Ausgang Kartons für ihre Kunden bereit. Am besten geht man frühmorgens hin, dann ist die Auswahl noch am größten. Die beiden wichtigsten Kriterien für einen guten Karton sind:

- **Größe –** der Umfang muß groß genug sein, um Streifen in der benötigten Länge zuzuschneiden. Wie viele Kartons Sie besorgen müssen, um Streifen in ausreichender Menge zuschneiden zu können, hängt von der Höhe der Kartons ab.
- **Pappsorte –** es muß Wellpappe sein, aber mit nur einer gewellten Lage, denn doppelte Wellpappe ist zu steif zum Flechten. Wählen Sie möglichst – besonders für Ihre ersten Körbe – Kartons aus, die gleich dick und formbar sind. (Als grober Anhaltspunkt gilt: Die Pappe sollte nicht dicker als 3 mm sein). Im Idealfall sind die Kartons identisch.

Wenn Sie Kartons gefunden haben, lösen Sie sie an der Klebstelle auf. Breiten Sie jeden Karton flach aus, und schneiden Sie die Laschen oben und unten ab.

Malen Sie als nächstes eine (oder beide) Seiten an. Großflächige, leuchtend bunte und wild aufgemalte Muster wirken oft sehr gut. Denken Sie daran, daß die Fläche auseinandergeschnitten und neu geflochten wird, wobei alle Elemente des ursprünglichen Musters wahllos und überraschend neu gemischt werden. Lassen Sie sich bei der Farbauswahl vom Standplatz des Korbs anregen.

TECHNIKEN, DIE SIE KENNEN MÜSSEN

Die folgenden Arbeiten haben sehr viele Techniken gemeinsam und werden hier erläutert. Welche Techniken jeweils eingesetzt werden, ist neben jeder Anleitung unter den Materialien aufgelistet. Die Hinweise auf diese Technik im Verlauf der Schritt-für-Schritt-Anleitungen sind *kursiv* gedruckt, wenn sie zum ersten Mal verlangt werden. Solange Sie mit den Techniken noch nicht vertraut sind, ist es am besten, sich die betreffenden Abschnitte auf den folgenden Seiten noch einmal durchzulesen. Dort finden Sie wertvolle Tips und klar verständliche Erläuterungen, die – um Wiederholungen zu vermeiden – in den Arbeitsvorschlägen selbst weniger detailliert beschrieben werden.

Karton zum Weben vorbereiten

Hier die wichtigsten Punkte, an die Sie denken müssen, bevor Sie den vorbereiteten Karton in Streifen schneiden:

◊ Schneiden Sie unbedingt quer zu den Wellen, sonst ist es fast unmöglich, die Streifen zu flechten oder zu biegen.
◊ Messen und zeichnen Sie die Streifen sorgfältig vor, damit man sie leichter verarbeiten und einen eben geformten Korb fertigen kann.

1 Messen und ziehen Sie die Streifen mit einem Lineal und einer langen Führungsschiene auf der Pappe vor. Schneiden Sie mit einer scharfen Schere an den Linien entlang.

2 Sollten Schwachstellen in den Streifen sein wie eingerissene Falzstellen, bandagieren Sie sie ordentlich mit einem guten Klebefilm.

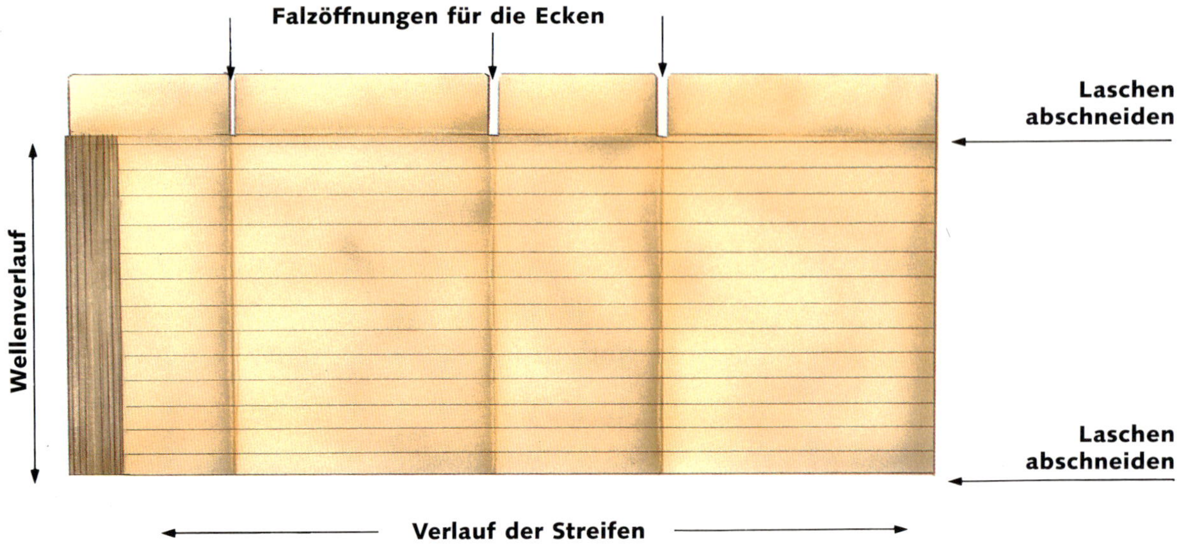

Einen quadratischen Boden flechten

Die Anzahl der verflochtenen Streifen hängt von der Größe Ihres Korbs, der Streifenbreite und der Entscheidung ab, ob der Korb quadratisch oder rechteckig werden soll. Die hier gezeigte Anzahl an Streifen ist also nur ein Anhaltspunkt.

1

2

1 Um einen Korb mit 6 Streifen in jeder Richtung herzustellen, nehmen Sie 4 Streifen der gewünschten Länge und markieren sie in der Mitte. Bilden Sie ein Kreuz mit je 2 Streifen in jeder Richtung und zeichnen die Markierung auf.

2 Vergewissern Sie sich, daß die Streifen eng zusammengeschoben sind, und markieren Sie die Mitte mit einem »X«. Falten Sie nun einen unten liegenden Streifen (**a**) über den darauf liegenden Streifen (**y**) zurück.

3

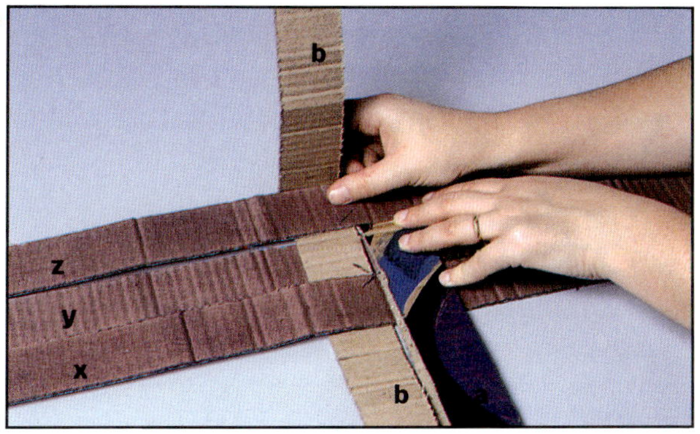

4

5

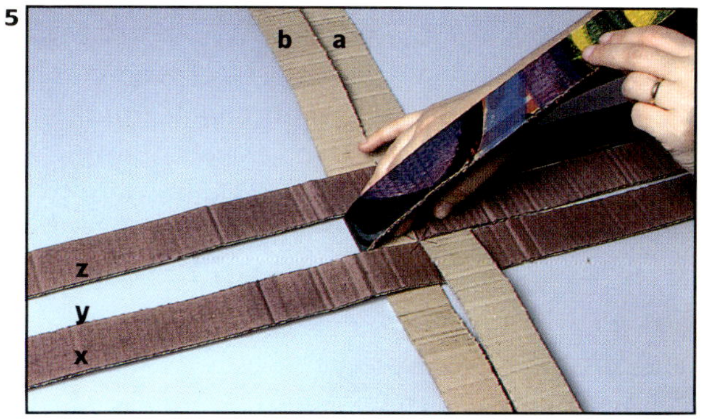

3 Legen Sie einen neuen Streifen (**z**) über den flach liegenden Einzelstreifen (**b**). Dieser muß eng neben dem benachbarten Streifen **y** liegen. Falten Sie Streifen **b** über Streifen **z**.

4 Falten Sie Streifen **a** zurück über **z**. Diese Seite, die Sie soeben bearbeitet haben, ist **Seite eins** des Bodens.

5 Arbeiten Sie als nächstes an **Seite zwei,** und falten Sie Streifen **y** (den Streifen unter Streifen **b**) straff nach hinten.

6

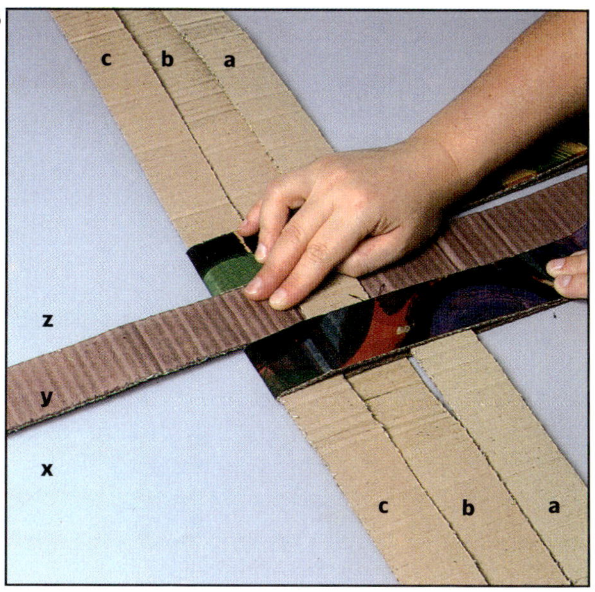

6 Legen Sie einen neuen Streifen (**c**) über Streifen **x** und **z**, dicht an den Rand des angrenzenden Streifens **b**; falten Sie Streifen **y** wieder herunter. Jetzt liegen 3 Streifen in jeder Richtung. Fügen Sie ebenso je einen Streifen an **Seite drei und vier**, das ergibt vier Streifen in jeder Richtung. Falten Sie die betreffenden Streifen immer straff hoch und herunter, so bleibt das Geflecht dicht. Halten Sie das Geflecht mit Wäscheklammern fest.

7 Fügen Sie an jeder Seite einen Streifen hinzu, so daß in jeder Richtung 6 Streifen liegen. Ziehen Sie das Geflecht fest. Der Boden soll flach und quadratisch sein, ohne Lücken. Jeder Streifen muß »eins über – eins unter« geflochten sein. Klammern Sie jede Ecke fest.

7

Ein Wandgeflecht beginnen

Hinweis: Im folgenden werden die Streifen zum Flechten des Bodens »Staken« genannt, die für die Seitenwände »Flechtfäden«.

1

1 Biegen Sie die Staken auf. Setzen Sie das Ende eines neuen Streifens hochkant zwischen die beiden Mittelstaken einer Seite, und achten Sie darauf, daß sich das Bodenmuster »eins über – eins unter« in der Wand fortsetzt: Die Innenstake fest über dem Flechtfaden nach unten auswärts falten und festklammern. Die Außenstake fest über dem Flechtfaden nach unten einwärts falten; festklammern.

2

2 Setzen Sie das Falten und Festklammern rund um alle 4 Seiten fort. Achten Sie darauf, den Innen-Außen-Rhythmus an den Ecken einzuhalten. Klammern Sie jeweils die Streifen fest, die nach außen gefaltet wurden. Am Ende jeder Runde legen Sie den Flechtfaden über 3 bis 4 Staken (siehe Foto in Stufe 3).

3

3 Beginnen Sie die 2. Runde an einer anderen Seite. Setzen Sie den Flechtfaden so zwischen zwei Mittelstaken, daß die Flechtbewegung entgegengesetzt zu der des ersten verläuft und so das Muster »eins über – eins unter« fortsetzt. Klammern Sie die Streifen fest, die nach außen gefaltet sind. Lassen Sie die Enden überlappen wie vorher.

4 Arbeiten Sie die angegebenen Runden, fangen Sie jede an einer anderen Seite an. Halten Sie das Muster »eins über – eins unter« ein und die Spannung aufrecht.

Nähen

1 Messen Sie ein Stück Bindfaden ab, das locker um den Korbumfang paßt, geben Sie noch etwas zu, und verdoppeln Sie es. Fädeln Sie ihn so ein, daß Sie mit doppeltem Faden arbeiten. Ziehen Sie ca. 6 cm vor Ende des Fadens einen dicken Knoten.

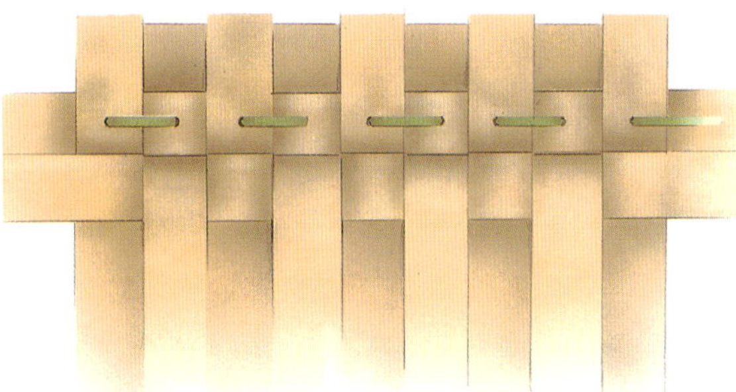

2 Beginnen Sie mit dem Nähen mit dem Knoten an der Außenseite, im Reihstich um die oberste Runde des Korbs. Ziehen Sie den Faden fest an; vernähen Sie ihn am Ende jeder Runde gut. Die Stakenenden müssen beim Nähen aufrecht bleiben.

Endstücke von Staken und Flechtfäden ausputzen

1

1 Achten Sie beim Ausputzen der Staken darauf, daß Sie die Enden auf gleicher Höhe (oder sogar ein bißchen darunter) abschneiden wie die Oberkante des obersten Flechtfadens.

2

2 Putzen Sie die Flechtfäden auf der Außenseite aus, indem Sie das Endstück etwas herausziehen und möglichst eng an der Stake abschneiden. Das Ende des Flechtfadens sollte dann hinter der Stake verschwinden. Verfahren Sie ebenso auf der Innenseite.

Kartonstreifen verbinden

1

2
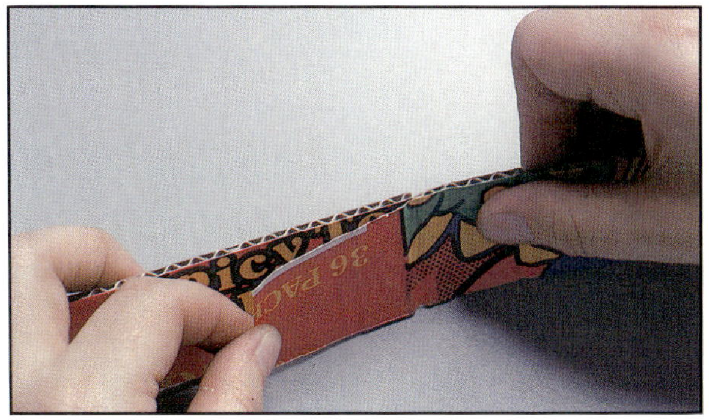

1 Ziehen Sie die undekorierte Schicht und die Wellschicht ab, so daß nur noch die bemalte Oberseite als 5 cm lange Lasche übrigbleibt.

2 Bestreichen Sie die Laschenunterseite mit Klebstoff; kleben Sie sie auf die bemalte Oberseite eines anderen Streifens. Klammern Sie die Klebstelle zum Trocknen fest, damit sie nicht verrutscht.

Languetten- oder Schlingstich

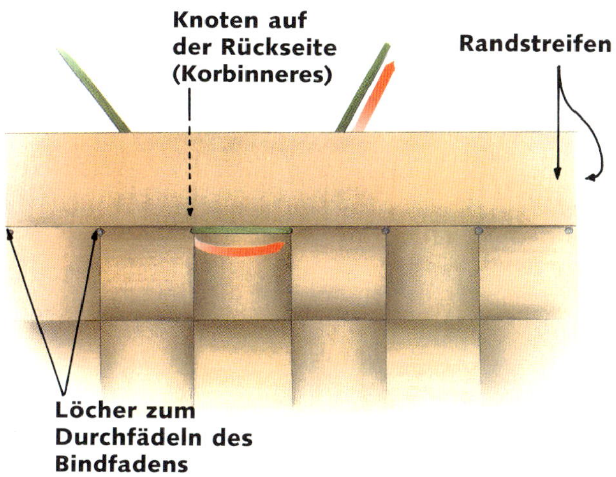

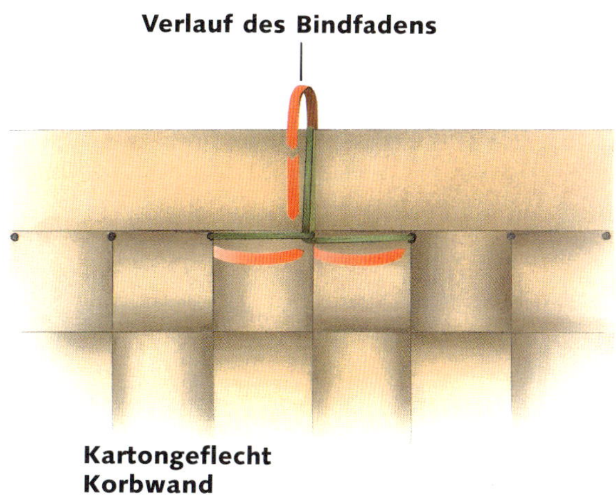

1 Messen Sie einen Bindfaden in 3 1/2-facher Länge des Korbumfangs ab, und ziehen Sie ca. 15 cm vor dem Ende einen lockeren Knoten. Ziehen Sie ihn durch ein Loch (*nicht* durch eine Ecke) von hinten nach vorn, so daß der Knoten innen und das lange Fadenstück außen liegt. Ziehen Sie den Faden dann von vorn nach hinten durch das nächste Loch, so daß ein waagerechter Stich entsteht.

2 Ziehen Sie nun den Faden auf der Rückseite hoch, über den Rand wieder nach vorn und unter dem quer verlaufenden Stich hindurch nach unten. Den Faden anziehen und sicherstellen, daß der senkrechte Fadenverlauf mit der Stakenkante im Geflecht übereinstimmt. Ziehen Sie den Faden durch das nächste Loch und so fort.

3 Nähen Sie den letzten Stich entsprechend dem Muster. Jetzt sollten beide Fadenenden auf der Rückseite liegen. Machen Sie den ersten Knoten wieder auf, und knoten Sie beide Enden fest unter dem Randstreifen zusammen. Nun können Sie die Enden bis auf 2 cm abschneiden.

Den Rand aufpolstern

1 Bestreichen Sie einen Streifen auf der Rückseite mit Klebstoff, und kleben Sie ihn auf der Innenseite an der obersten Runde fest. Setzen Sie den Streifen an einer anderen Seite an als dort, wo die oberste Runde anfängt und endet, nicht in einer Ecke. Halten Sie den Streifen auf gleicher Höhe wie die Oberkante des Korbs; machen Sie einen scharfen Einschnitt an den Ecken. Mit Wäscheklammern sichern. Verkleben Sie die Enden sorgfältig in der Technik *Kartonstreifen verbinden*. Kleben Sie dann einen zweiten Streifen außen an die Oberkante, wieder von einer anderen Seite aus.

2 Stechen Sie mit einer Ahle Löcher in die oberen Ecken jedes »Vierecks«, direkt unter dem Randstreifen. Nun die Randstreifen mit dem Schlingstich fest am Korb annähen.

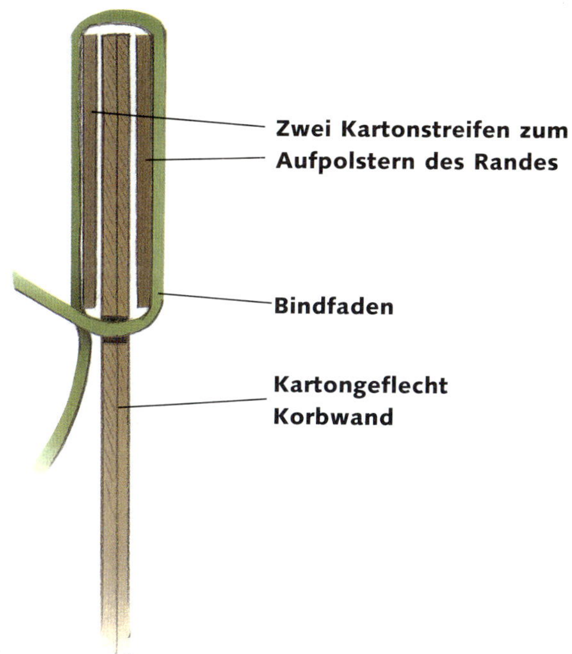

Lackieren

Überziehen Sie den fertigen Korb innen und außen dünn mit Lack; pinseln Sie dabei die Streifenkanten gut ein. Passen Sie auf, daß keine Tropfen oder »Nasen« entstehen. Lackieren Sie stets in einem gutbelüfteten Raum; reinigen Sie die Pinsel nach Gebrauch.

Papierkorb

Dieser Korb besteht aus Recycling-Karton. Er ist in leuchtenden Farben bemalt, aber wenn Sie ihn lieber in Farben gestalten wollen, die zu Ihrem Zimmer oder an Ihren Arbeitsplatz passen, ist dies eine gute Gelegenheit, die Reste des letzten Farbanstrichs zu verwerten.

1

1 *Pappkartons zum Flechten vorbereiten* und bemalen.

Material

◊ 2–3 große Pappkartons
◊ Haushaltsvinyl oder Plaka-Farbe
◊ Malpinsel
◊ Führungsschiene, 1 m lang
◊ Bleistift
◊ Schere
◊ Klebefilm guter Qualität
◊ Mindestens 12 Wäscheklammern
◊ Starken Faden
◊ Spitze Stopfnadel
◊ Klebestift
◊ Pfriem oder Ahle
◊ Plastikschnur in leuchtenden Farben
◊ Polyurethan- oder Acryllack, seidenmatt
◊ Malpinsel
◊ Pinselreiniger

Die angewandten Techniken

☞ Karton zum Flechten vorbereiten
☞ Einen quadratischen Boden flechten
☞ Ein Wandgeflecht beginnen
☞ Endstücke von Staken u. Flechtfäden ausputzen
☞ Kartonstreifen verbinden
☞ Nähen
☞ Den Rand aufpolstern
☞ Schlingstich
☞ Lackieren

Siehe Seiten 30 bis 33

2

2 Zeichnen Sie 24 Streifen, je 4 cm breit und 120 cm lang, auf der linken Seite der vorbereiteten Kartons vor (somit haben Sie 3 Streifen in Reserve). Denken Sie daran, *quer* und nicht längs zum Wellenverlauf zu schneiden.

3

3 Flechten Sie den Korbboden nach den Anleitungen von *einen quadratischen Boden flechten*. Wenn Sie 6 Streifen in jeder Richtung eingeflochten haben, klammern Sie die Ecken mit Wäscheklammern fest. Beginnen Sie dann mit dem *Wandgeflecht*, wie auf Seite 32 beschrieben.

4

4 Flechten Sie 7 Runden. Fangen Sie jede Runde an einer anderen Seite an als die vorige. Folgen Sie dem Muster »1 über – 1 unter«, und halten Sie das Gewebe straff, damit keine Lücken im Geflecht entstehen. Das Geflecht mit Wäscheklammern sichern.

5

5 *Nähen* Sie mit doppeltem Faden im Reihstich durch die oberste Runde, um das Geflecht abzusichern. Zu diesem Zeitpunkt sollten die Staken aufrecht stehen. Dann *Staken- und Flechtfäden ausputzen*.

6

7

8

6 Jetzt *den Rand aufpolstern*. Legen Sie Anfang und Ende des Zusatzstreifens aber nicht über Anfang und Ende der obersten Runde des Wandgeflechts.

7 Kleben Sie einen Randstreifen innen gegen die oberste Flechtrunde und den zweiten – wieder von einer anderen Seite – von außen an dieselbe Runde. Überkleben Sie die Enden in der Technik *Kartonstreifen verbinden*. Streifen klammern.

8 Stechen Sie nun Löcher für das Bindematerial ein.

9

9 Schneiden Sie die $3^1/2$-fache Länge des Korbumfangs an Bindfaden (Polypropylen-Schnur) zu. Binden Sie den Rand im *Schlingstich* fest. Zuletzt den Korb innen und außen *lackieren*.

Einkaufstasche

Die angewandte Technik ähnelt der für den Papierkorb, allerdings ist die Einkaufstasche rechteckig statt quadratisch.

Material
- ◊ 2–3 große Pappkartons
- ◊ Haushaltsvinyl oder Plaka-Farbe in rot, gelb, grün, mittelblau und dunkelblau
- ◊ Malpinsel
- ◊ Führungsschiene, 1 m lang
- ◊ Bleistift
- ◊ Schere
- ◊ Klebefilm in guter Qualität
- ◊ Mindestens 20 Wäscheklammern
- ◊ Starken Faden
- ◊ Spitze Stopfnadel
- ◊ Klebestift
- ◊ Pfriem oder Ahle
- ◊ Plastikschnur in leuchtenden Farben oder ähnliches
- ◊ Eine große Ahle für große Löcher
- ◊ Lochzange oder -stanzer für Messingringe mit 10 mm ø
- ◊ Messingringe mit 10 mm ø
- ◊ Hammer
- ◊ 90 cm Kordel mit 10 mm ø
- ◊ Polyurethan- oder Acryllack, seidenmatt
- ◊ Malpinsel
- ◊ Pinselreiniger

Die angewandten Techniken
- ☞ Karton zum Flechten vorbereiten
- ☞ Ein Wandgeflecht beginnen
- ☞ Karton-Streifen verbinden
- ☞ Endstücke von Staken und Flechtfäden ausputzen
- ☞ Nähen
- ☞ Den Rand aufpolstern
- ☞ Schlingstich
- ☞ Lackieren

Siehe Seiten 30 bis 33

1

1 Die *Pappkartons zum Flechten vorbereiten*, dann in verschiedenen Farben – rot, gelb, grün, mittel- und dunkelblau – uni bemalen und trocknen lassen.

2

2 Zeichnen Sie auf der linken Seite der vorbereiteten Kartons je 4 cm breite Streifen in folgenden Längen vor: 3 Streifen zu 110 cm – 1 x mittelblau, 1 x dunkelblau, 1 x grün –, 9 Streifen zu 80 cm – 3 x dunkelblau, 4 x grün, 2 x mittelblau –, 8 Streifen à 120 cm – 4 x rot, 3 x gelb, 1 x dunkelblau (plus 2 in Reserve, falls einer reißt). Denken Sie daran, *quer* und nicht längs zum Wellenverlauf zu schneiden.

3

3 Markieren Sie die Mitte der 3 Streifen à 110 cm (mittelblau, dunkelblau, grün), und legen Sie sie nebeneinander quer vor sich. Nehmen Sie einen der 80 cm-Streifen (dunkelblau) und flechten ihn über die Markierungen mitten durch die Querstreifen, über den ersten, unter den zweiten, über den dritten. Markieren Sie den Mittelpunkt.

4
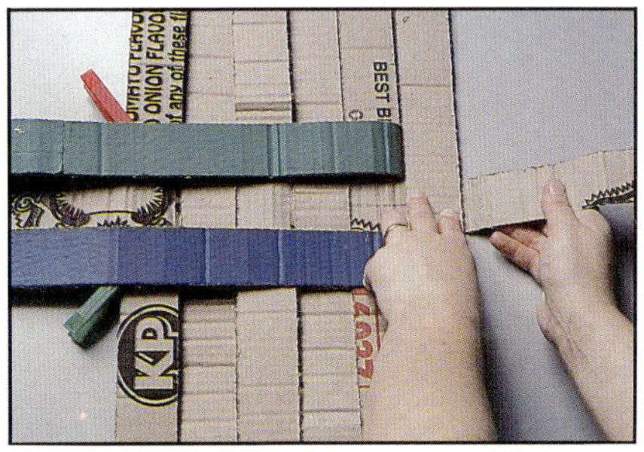

4 Flechten Sie den Boden, indem Sie links vom (einzelnen) Mittelstreifen 4 Streifen zu 80 cm einflechten (grün, mittelblau, grün, dunkelblau). Vergewissern Sie sich, daß alle Streifen »1 über – 1 unter« gehen.

5
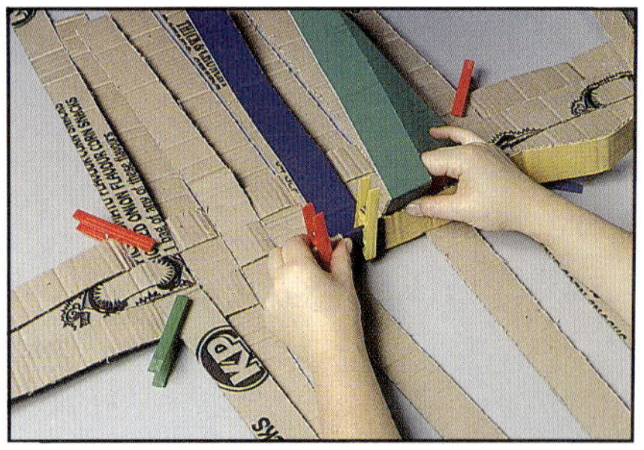

5 Wiederholen Sie Arbeitsschritt 4 auf der rechten Seite in derselben Farbfolge; halten Sie die Ecken mit Wäscheklammern fest. Sie sollten jetzt ein rechteckiges Geflecht aus drei Streifen zu 110 cm und 9 Streifen zu 80 cm vor sich haben, mit dem markierten Streifen in der Mitte.

6

6 Nehmen Sie jetzt einen gelben Streifen à 120 cm, und beginnen Sie an einer Längsseite in mittlerer Position damit, *die Seitenwände des Korbs zu flechten.* Lassen Sie den Flechtfaden am Ende der Runde 3–4 Staken überlappen.

7

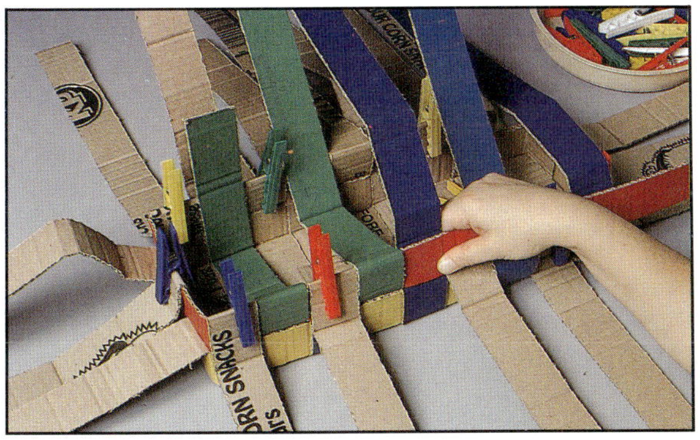

7 Beginnen Sie die zweite Runde von der gegenüberliegenden Längsseite aus mit einem roten Streifen.

8

8 Flechten Sie so 6 Runden. Beginnen Sie dabei jede Runde an der gegenüberliegenden Seite der gerade bearbeiteten (aber immer an einer Längsseite). *Nähen* Sie mit doppeltem Faden im Reihstich durch die oberste Runde, um das Geflecht abzusichern. Dann *Staken- und Flechtfäden ausputzen*.

9

9 Jetzt *den Rand aufpolstern*, indem Sie einen der dunkelblauen Randstreifen zu 120 cm von innen gegen die oberste Runde kleben und den zweiten – roten – von außen. Die Streifen festklammern, dabei sorgfältig die Enden der *Kartonstreifen verbinden*, und trocknen lassen.

10

10 Stechen Sie Löcher für das Bindematerial ein. Schneiden Sie die 3 1/2-fache Länge des Korbumfangs an farbigem Bindfaden zu, und nähen Sie den Rand im *Schlingstich* fest.

11

11 Stanzen Sie mit Ahle, Lochstanzer oder Lochzange auf beiden Seiten der Tasche 2 saubere Löcher für die Lochringe ein. Stanzen Sie die Löcher in die erste Runde unter dem Randstreifen; jeweils ins dritte »Quadrat« von der Ecke aus, so daß 3 Quadrate zwischen den Löchern stehen.

12

12 Setzen Sie – sofern nicht in Schritt 11 geschehen – die Lochringe nach den Anweisungen des Herstellers ein.

13

13 *Lackieren* Sie den Korb innen und außen. Schneiden Sie die Kordel für die Henkel in zwei Hälften und sichern Sie evtl. die Enden, damit sie nicht ausfransen. Ziehen Sie die Kordel durch die Lochringe, und verknoten Sie die Enden.

Kästchen mit Deckel

Dies ist ein Körbchen, in dem man Liebesbriefe aufbewahrt, Kettchen, Murmeln und andere ganz persönliche Sachen: um sie ordentlich wegzulegen, vor neugierigen Augen zu verbergen und trotzdem in Reichweite zu haben, wenn man mal wieder einen Blick darauf werfen möchte.

Material

◊ 2–3 große Pappkartons
◊ Wachsmalfarben
◊ Haushaltsvinyl oder Plaka-Farbe, mit Wasser verdünnt
◊ Malpinsel
◊ Führungsschiene, 1 m lang
◊ Bleistift
◊ Schere
◊ Klebefilm guter Qualität
◊ Mindestens 20 Wäscheklammern
◊ Starken Faden
◊ Spitze Stopfnadel
◊ Klebestift
◊ Pfriem oder Ahle
◊ Plastikschnur
◊ Starken, schnelltrocknenden Kleber (Sekundenkleber)
◊ Polyurethan- oder Acryllack, seidenmatt
◊ Malpinsel
◊ Pinselreiniger

Die angewandten Techniken

☞ Karton zum Flechten vorbereiten
☞ Kartonstreifen verbinden
☞ Einen quadratischen Boden flechten
☞ Ein Wandgeflecht beginnen
☞ Endstücke von Staken und Flechtfäden ausputzen
☞ Nähen
☞ Den Rand aufpolstern
☞ Schlingstich
☞ Lackieren

Siehe Seiten 30 bis 33

1

1 Die *Pappkartons zum Flechten vorbereiten*. Zeichnen Sie mit Wachsmalstiften ein beliebiges Muster über die unbedruckte Seite. Überstreichen Sie es mit der verdünnten Farbe. Trocknen lassen.

3

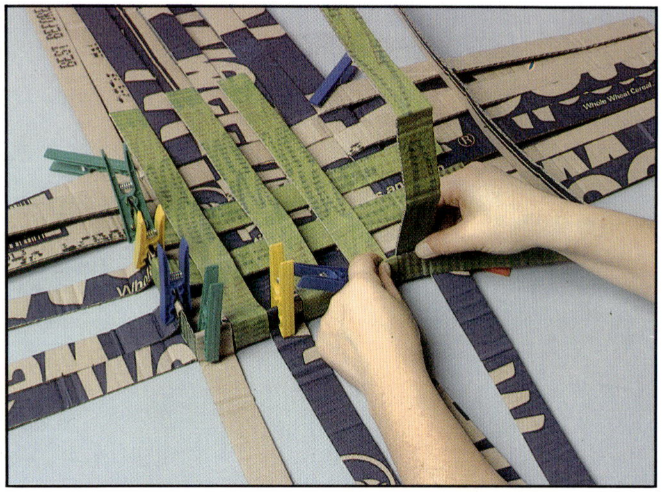

3 Danach von der Mitte einer Bodenkante aus *das Wandgeflecht beginnen*. Nehmen Sie dazu die Streifen à 110 cm, und beginnen Sie jede Runde an einer anderen Seite.

2

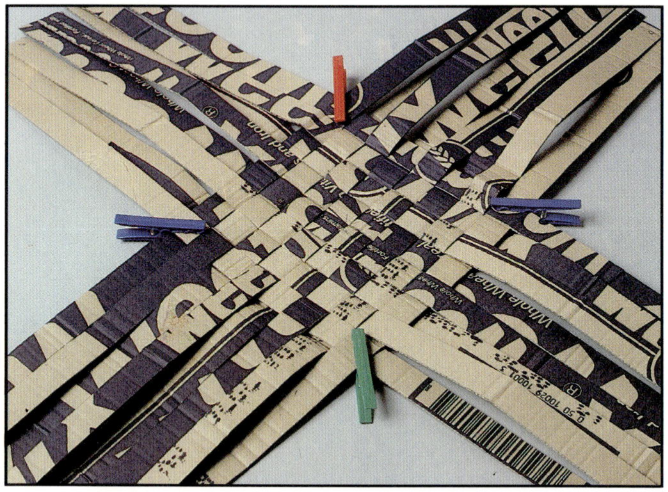

2 Nun auf der unbemalten Seite der Kartons je 3 cm breite Streifen in den folgenden Längen ausmesssen, vorzeichnen und ausschneiden.

Für das Kästchen

8 Streifen à 110 cm (für die Flechtfäden und 2 Randstreifen)
16 Streifen à 80 cm (für die Staken)

Für den Deckel

20 Streifen à 30 cm (für die Flechtfäden und Randstreifen)
PLUS:
1 sehr langer Streifen, 300 cm lang und 1,5 cm breit, für eine Deckelablage.
Ein quadratisches Stück bemalter Karton, 30 x 30 cm
Nicht vergessen, *quer*, nicht längs zum Wellenverlauf zu schneiden. Aus 8 x 8 Streifen zu je 80 cm *einen Boden flechten*.

Matte in Wulsttechnik

Körbe in einer ähnlichen Technik wie diese Matte findet man in vielen Ländern der Erde. Das Spiralmuster ist dem einiger Wulstwickelkörbe aus Botswana entlehnt. Man kann diese Matte als Untersetzer verwenden, einen Satz von 6 Stück davon herstellen und als Platzdeckchen verwenden – oder einzeln zur Dekoration an die Wand hängen.

Material

◊ Die folgenden Mengen und Arten an Bast:
 ein kleiner Bund trockener, unsortierter Naturbast (ca. 250 g reichen völlig aus)
 1–2 Bündel vorsortierter Bast, ungefärbt
 1–2 Bündel vorsortierter Bast, schwarz
 1–2 Bündel vorsortierter Bast, braun
◊ 3 spitze Stopf- oder Raffia-Nadeln
◊ Schere

Die angewandten Techniken

☞ Den Wulstkern herstellen
☞ Das Wickelmaterial auswählen
☞ Einen runden Boden wickeln
☞ Neues Wickelmaterial einlegen
☞ Neues Kernmaterial einsetzen

Siehe Seiten 41 bis 42

1

1 10–12 Fäden aus unsortiertem Naturbast ziehen und damit *den Wulstkern herstellen*. Dann einen geeigneten Faden aus dem vorsortierten Bund Naturbast als *Wickelmaterial auswählen* und *einen runden Boden wickeln*.

2

2 Wenn Sie etwa 2 Runden genäht haben, einen schwarzen Bastfaden in eine zweite Nadel einfädeln und *den Faden einlegen*. Denken Sie daran, den weiterhin eingefädelten ungefärbten Wickelfaden im Wulstkern mitzuführen. Wickeln Sie um die Matte bis Sie etwa 1/3 der Runde zurückgelegt haben. Inzwischen ist sicher der Wulstkern dünner geworden, d. h., Sie müssen jetzt *neues Kernmaterial einsetzen* – falls erforderlich, auch früher.

3

3 Drehen Sie die Matte auf die linke Seite, legen Sie einen braunen Bastfaden ein, und wickeln Sie damit – den schwarzen und den Naturbastfaden im Kernmaterial – ein weiteres Drittel um die Matte. Der braune und schwarze Faden sollte nun fest verankert sein, Sie können also links *die Enden ausputzen*.

4

4 Nehmen Sie jetzt den ungefärbten Faden aus dem Wulstkern auf (Sie erkennen ihn an der Nadel); arbeiten Sie damit weiter – jetzt mit dem braunen und schwarzen Faden im Kernmaterial –, bis Sie etwa 4–5 Stiche vor dem schwarz gewickelten Bereich sind. Nähen Sie jetzt mit dem schwarzen Faden weiter, während Sie den ungefärbten und schwarzen Faden im Wulstkern mitführen, bis Sie sie wieder brauchen.

5

5 Wickeln Sie so weiter um die Matte herum. Fügen Sie dabei soviel Kern- und Wickelmaterial ein wie nötig. Halten Sie sich beim Farbwechsel an das vorgegebene Schema. Halten Sie die Matte beim Arbeiten flach, indem Sie das Wulstmaterial für die nächste Runde genau so halten, wie es später liegen soll und durch Annähen in Form halten.

Stellen Sie sich vor, Sie würden die Matte mitten durchschneiden und auf Augenhöhe halten. Dann sollten sich alle Wulst-Mittelpunkte in einer geraden Linie verbinden lassen (siehe Diagramm unten).

6

6 Wenn Sie 8 Runden in dem Farbmuster gewickelt haben, fangen Sie mit dem letzten Farbblock an. Schneiden Sie dazu beim Wickeln nach und nach Bastfäden aus dem Kernmaterial heraus, so daß er langsam dünner und kürzer wird und schließlich ganz ausläuft. Versuchen Sie, diesen Prozeß möglichst innerhalb eines Farbblocks abzuschließen.

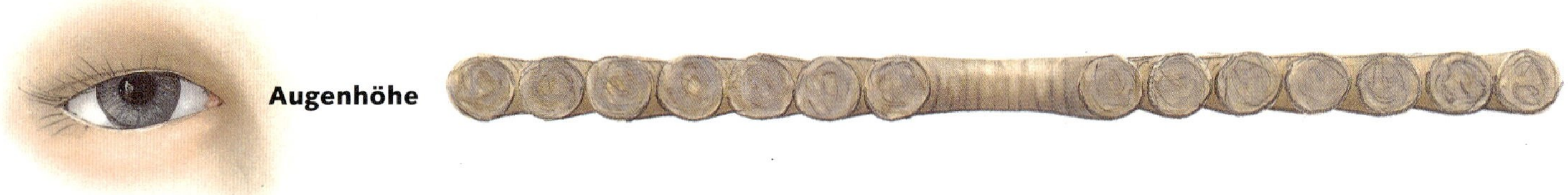

7

7 Am Ende nähen Sie nur noch über 4 oder 5 Kern-Bastfäden. Schließen Sie die Matte ab, indem Sie mit dem Wickelfaden ca. 5 cm zurücknähen und ihn dann eng an der Wulst abschneiden. Er rutscht dann unsichtbar zwischen das Geflecht.

4

5

6

4 Flechten Sie 6 Runden. Beginnen Sie dabei jede Runde an einer anderen Seite. *Nähen* Sie mit doppeltem Faden durch die oberste Runde, um das Geflecht festzuhalten. Dann die *Staken und Flechtfäden ausputzen.*

5 Mit den übrigen 2 Streifen à 110 cm können Sie jetzt *den Rand aufpolstern.*

6 Schneiden Sie die $3^{1}/2$-fache Länge des Korbumfangs an farbigem Bindfaden zu, stechen Sie Löcher für den Faden ein, und nähen Sie den Rand im *Schlingstich* fest.

7

8

9

7 Kleben Sie den langen, schmalen Streifen mit dem Sekundenkleber so am inneren Randstreifen fest, daß die Unterkante mit der Unterkante des Randstreifens abschließt. Der Streifen sollte dreimal um den Innenrand laufen und eine ca. 1 cm starke Deckelablage aus 3 Schichten bilden.

8 Flechten Sie den Deckel mit den 30 cm langen Streifen ebenso wie den Boden des Kästchens. Nähen Sie die letzte Runde des Geflechts mit einem starken Faden fest, und führen Sie die Nadel dabei leicht schräg zur Innenseite, damit das Geflecht besser hält. Dann die Streifenenden abschneiden, so daß Sie ein exakt quadratisches Geflecht erhalten.

9 Legen Sie den Deckel auf das Kästchen. Markieren und beschneiden Sie die Kanten sehr vorsichtig, damit der Deckel exakt in das Kästchen fällt und auf der Ablage ruht. Kennzeichnen Sie die Deckelunterseite und die entsprechenden Innenseiten des Kästchens, damit Sie später wissen, wie er am besten paßt.

10

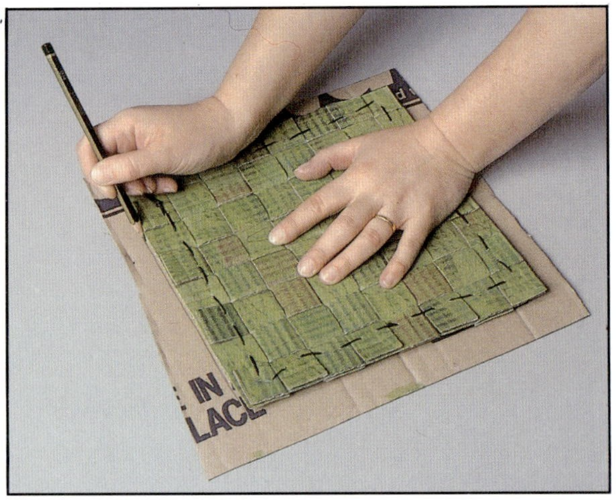

11

12

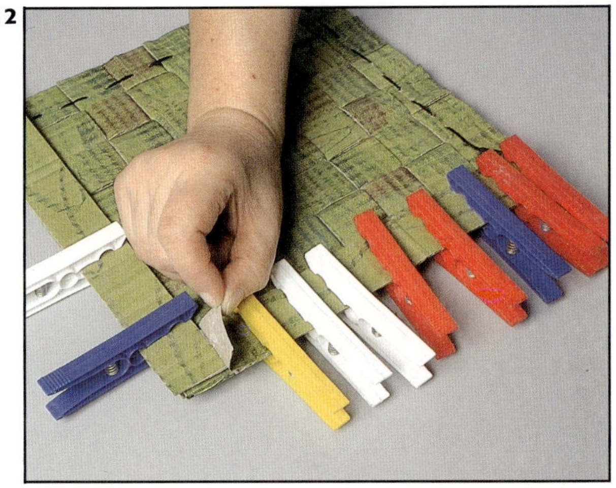

10 Legen Sie den Deckel mit der bemalten Seite nach oben auf die unbemalte Seite des Kartonquadrats, zeichnen Sie den Deckel nach, und schneiden Sie das Quadrat zurecht. Kennzeichnen Sie die unbemalte Seite des Kartons entsprechend den Zeichen an Deckel und Kästchen.

11 Bestreichen Sie Deckel und Karton auf den unbemalten Seiten mit Klebstoff, und kleben Sie sie so zusammen, daß die Markierungen aufeinander liegen. Klammern Sie sie mit Wäscheklammern fest. Kennzeichnen Sie den Deckel erneut entsprechend den Zeichen im Kästchen. Beschweren Sie dann den Deckel mit einem Gewicht, und lassen Sie ihn über Nacht trocknen.

12 Polstern Sie den Deckelrand aus, indem Sie die 4 restlichen Streifen so über die Außenkanten des Deckelgeflechts kleben, daß die Innenkanten der Randstreifen mit denen des obersten Streifens abschließen. Lassen Sie die Streifen an den Ecken wie zum *Verbinden* überlappen. Klammern, trocknen lassen und überstehende Ränder entlang der Deckelkante abschneiden.

13

13 Schneiden Sie ein Stück farbigen Bindfaden in 3 1/2-facher Länge des Deckelumfangs zu, und nähen Sie die Randstreifen im *Schlingstich* fest.

14 Stechen Sie mit einem Pfriem oder einer Ahle ein Loch in die Mitte des Deckels. Fädeln Sie eine Schlaufe Bindfaden als Griff hindurch, und verknoten Sie sie auf der Unterseite. Zuletzt Korb und Deckel innen und außen *lackieren*.

KAPITEL 3

UMGANG MIT BAST

EINFÜHRUNG

Naturbast – als Gegenstück zu Synthetikware – gibt es in zwei Ausführungen: sortiert und unsortiert. Unsortierter Bast wird in verschieden großen Bündeln angeboten und nach Gewicht zwischen 1 1/2 bis 3 kg verkauft. Wie der Name schon sagt, ist der Bund eine Mischung aus Baststrängen unterschiedlicher Länge, Stärke und Qualität, aber er ist ideal zum Herstellen von Wulstkernen für Flechtarbeiten in Wulsttechnik geeignet.

Zum Nähen und Umwickeln nimmt man am besten sortierten Bast, der aus demselben Material besteht, außer daß das vorsortierte Material gleichmäßigere Stränge ergibt und in kleineren Bündeln zu 40 g angeboten wird.

Unsortierter Naturbast hat eine neutrale, cremefarbene Tönung, ähnlich wie Peddigrohr. Raffia nimmt Farbe hervorragend an, und sortierten Bast kann man auch schon eingefärbt kaufen.

TECHNIKEN, DIE SIE KENNEN MÜSSEN

Die folgenden Arbeiten haben viele Techniken gemeinsam, und diese werden auf den folgenden Seiten erläutert. Welche Techniken Sie beherrschen müssen, ist neben jeder Anleitung unter den Materialien aufgelistet. Die Hinweise auf diese Technik im Verlauf der Schritt-für-Schritt-Anleitungen sind *kursiv* gedruckt. Solange Sie mit den Arbeitsgängen noch nicht vertraut sind, ist es am besten, sich die folgenden Abschnitte vor Beginn der Arbeit noch einmal durchzulesen. Dort finden Sie Tips und klar verständliche Erläuterungen dieser Techniken. Diese sind – um Wiederholungen zu vermeiden – in den eigentlichen Arbeitsvorschlägen nicht so ausführlich beschrieben.

Den Wulstkern herstellen

Ziehen Sie aus einem Bündel unsortiertem Bast 10 oder 12 Stränge heraus.

Wickelmaterial auswählen

Wählen Sie einen guten Bastfaden aus einem Bündel sortiertem Bast heraus. Alle Fäden, die zu sehr ausgefranst sind, können noch für den Wulstkern gebraucht werden. Fädeln Sie das Wickelmaterial in eine Nadel.

Einen runden Boden wickeln

1 

2 

1 Ziehen Sie das Kernmaterial in der Mitte straff, und binden Sie es in einem einfachen Knoten um den kleinen Finger. Ziehen Sie den Finger aus dem Knoten – die kleine Schlaufe wird die Bodenmitte – siehe unten: Diagramm A.

2 Halten Sie – mit dem Knoten nach oben – das gesamte Kernmaterial links von der Schlaufe mit der linken Hand fest. Halten Sie mit dem Kernmaterial auch den Anfang des Wickelmaterials fest. Wickeln Sie den Wickelfaden gegen den Uhrzeigersinn um die Schlaufe herum, indem Sie ihn immer wieder durch das Loch führen. Dies ist wichtig, wenn Sie mit dem Nähen anfangen.

3 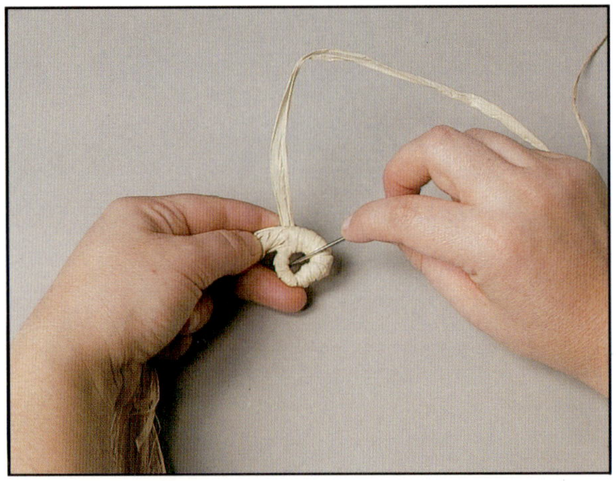

4 

3 Wenn Sie beim Knoten angekommen sind, umwickeln Sie die Schlaufe erneut. Binden Sie aber diesmal das Kernmaterial mit ein.

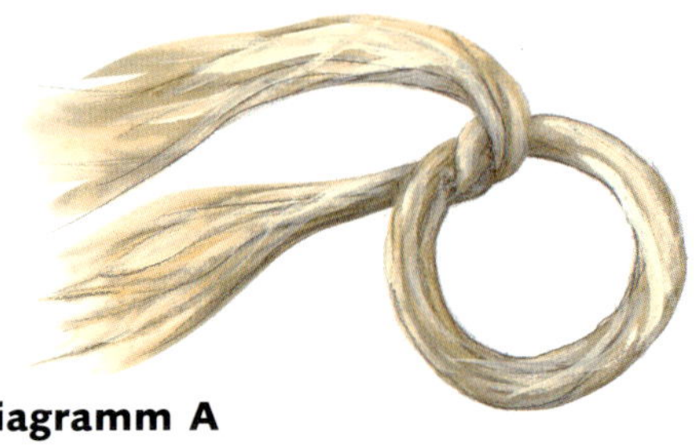

Diagramm A

4 Wenn Sie wieder am Knoten sind, beginnen Sie zu nähen, indem Sie die Nadel nicht mehr durch das Loch in der Mitte führen, sondern durch die vorhandene Wulst (Vorrunde). Stellen Sie sich vor, daß jeder Stich 6–8 Fäden der Vorrunde erfaßt. Setzen Sie die Stiche recht eng zusammen, damit Sie das Kernmaterial völlig abdecken. Die hier sichtbare Seite, in die Sie von oben hineinstechen, ist die rechte.

Neues Wickelmaterial einlegen

Vernähen Sie den neuen Faden auf der linken Seite etwa 1 cm (ca. 4–5 Stiche) unter dem alten Geflecht, und lassen Sie das Ende etwa 2 cm überstehen. Drehen Sie die Matte auf die rechte Seite, und nähen Sie mit dem neuen Faden weiter wie bisher. Nähen Sie dabei das Ende des alten Fadens mit ins Kernmaterial ein. Wenn Sie mit mehreren Farben arbeiten, können Sie die einzelnen Farbfäden, in eine Nadel eingefädelt, im Wulstkern mit sich führen und je nach Muster aufnehmen oder wechseln.

Neues Kernmaterial einsetzen

Sobald der Wulstkern sich dünner anfühlt, stecken Sie weitere Bastfäden dazu, bis er genauso dick wird wie vorher. Man macht das, indem man etwa 4 Stränge in der Mitte abknickt und die gefalteten Enden in die Mitte des Wulstkerns steckt.

Korb in Wulsttechnik

Sie meinen, dieser Korb sei genau das richtige für Nüsse und Süßigkeiten? Stimmt! Solche Körbe findet man oft in Nordafrika und im Nahen Osten – besonders der dekorativ spitz zulaufende Rand erinnert an die dortige Wulstwickeltechnik.

Material

◊ Die folgenden Mengen und Arten an Bast:
ein kleiner Bund trockener, unsortierter Naturbast (ca. 250 g reichen völlig aus)
1–2 Bündel vorsortierter Bast, weinrot
1–2 Bündel vorsortierter Bast, gelb
1–2 Bündel vorsortierter Bast, pink
◊ 3 spitze Stopf- oder Raffia-Nadeln
◊ Schere

Die angewandten Techniken

☞ Den Wulstkern herstellen
☞ Das Wickelmaterial auswählen
☞ Einen runden Boden wickeln
☞ Neues Wickelmaterial einlegen
☞ Neues Kernmaterial einsetzen
Siehe Seiten 41 bis 42

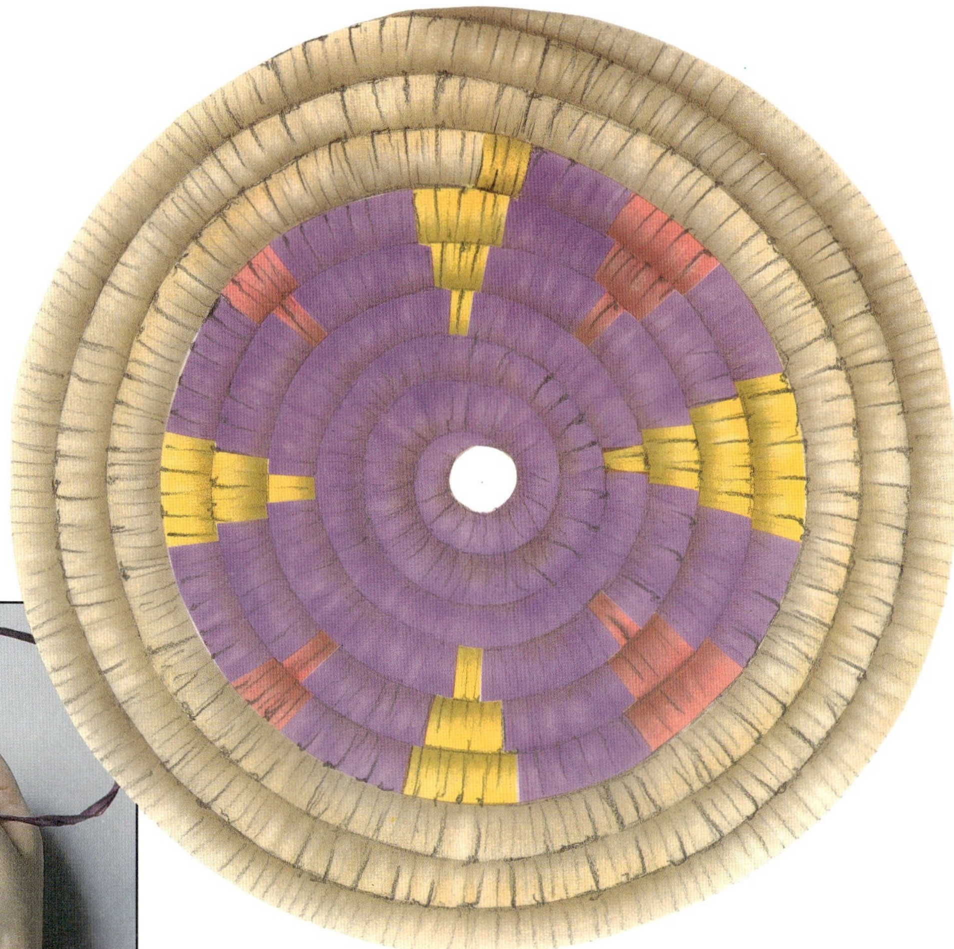

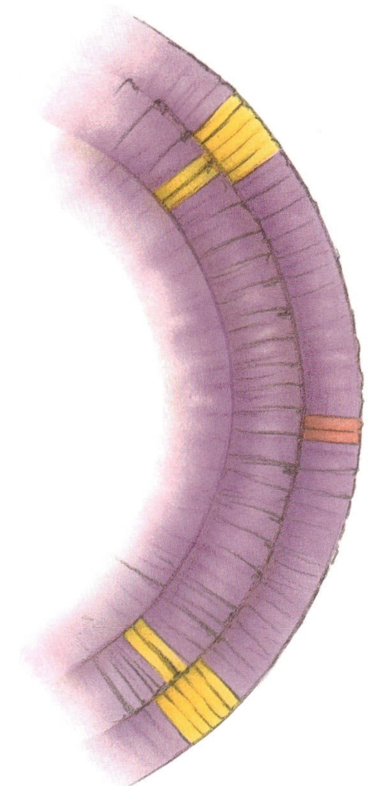

1 Ziehen Sie 10–12 Fäden aus dem unsortierten Naturbast, und formen Sie damit *den Wulstkern*. Dann aus dem vorsortierten, weinroten Bund einen geeigneten Faden als *Wickelmaterial auswählen* und *einen runden Boden wickeln*.

2 Wenn Sie etwa 2 bis 3 Runden genäht haben, beginnen Sie mit dem oben abgebildeten Farbschema. Einen gelben *Faden einlegen* und den Kern damit an 4 gleichmäßig verteilten Punkten mit 1 oder 2 Stichen gelb einwickeln. Die übrige Strecke mit Weinrot fortsetzen. Legen Sie dann einen pinkfarbenen Faden ein, und arbeiten Sie entsprechend dem Farbschema an 4 Punkten in der Mitte der gelben Stiche 1–2 pinkfarbene Stiche ein.

Setzen Sie in derselben Runde 4–6 gelbe Stiche über die vorigen 2 (siehe Ausschnitt des Farbschemas). Die übrige Wickelarbeit bleibt weinrot. Wenn nötig, *fügen Sie neues Kern- oder Wickelmaterial ein*, und führen Sie die Wickelfäden im Wulstkern mit, bis Sie sie brauchen. Sowie die Fäden sicher festsitzen, können Sie *die Enden ausputzen*.

3

3 Beginnen Sie am Ende der dritten Muster-Runde, die Körbchenform herauszuarbeiten. Halten Sie dazu den Wulstkern etwas höher als den Wulst der Vorrunde, statt direkt daneben. (Die Abbildung rechts zeigt, wie man Korb und Wulstkern hält, um diesen Effekt zu erreichen.) Stellen Sie sich vor, Sie könnten den Korb formen. Das Schema oben zeigt, wie die Biegung über mehrere Runden aufgebaut wird. – Es kommt darauf an, den Wulstkern in der richtigen Position zu halten und die Stiche so anzusetzen, daß er dort auch bleibt. Steigern Sie die Stärke des Wulstkerns nach und nach, wenn Sie mit dem Ausformen des Korbes beginnen, bis er nach dem Vernähen einen Durchmesser von 1,5 cm hat.

3

4

4 Wickeln Sie weitere Runden gegen den Uhrzeigersinn, und halten Sie sich an die Mustervorlage. Manch einer findet es hilfreich, wegen der vielen Farbwechsel einige Fäden auf Vorrat einzufädeln. Kontrollieren Sie ständig die Form, indem Sie den Korb beim Arbeiten von allen Seiten betrachten, damit er sich möglichst gleichmäßig aufbaut.

5

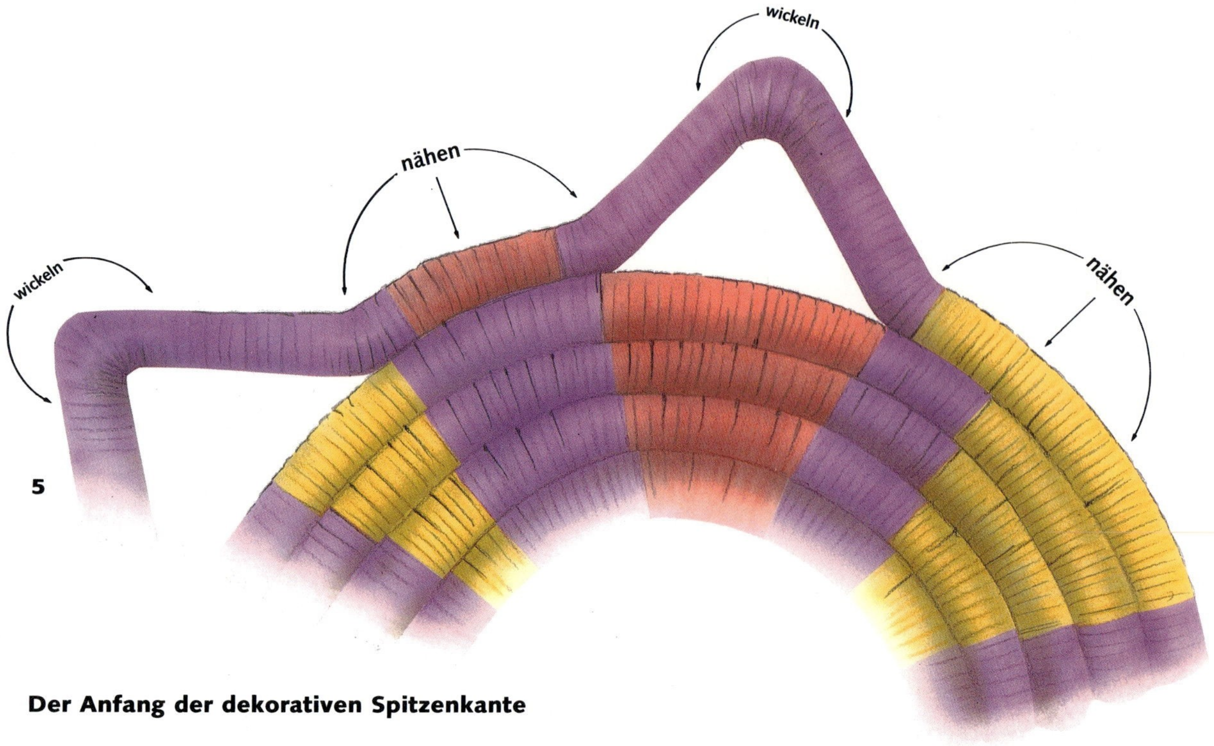

Der Anfang der dekorativen Spitzenkante

5 Fangen Sie am Ende der siebten Runde des Musters (Sie sollten gerade einen gelben Block beendet haben) damit an, Ihr Körbchen mit einer Zierkante zu umgeben. Dünnen Sie den Wulstkern um ein paar Bastfäden aus, und nähen Sie mit gelb bis vor den pinkfarbenen Block der Vorrunde weiter. Nehmen Sie jetzt den weinroten Faden auf, nähen Sie ein paar Stiche und umwickeln (nicht nähen) dann fest den Wulstkern, bis er lang genug ist, um eine Spitze zu formen, wobei Sie den umwickelten Kern in Form biegen. Nähen Sie die ausgeformte »Spitzenkante« hinter dem pinkfarbenen Block mit ein paar weinroten Stichen fest.

Nehmen Sie den pinkfarbenen Faden auf, und nähen Sie bis kurz vor den gelben Block der Vorrunde. Nun wieder mit dem weinroten Faden 2 Stiche nähen und dann den Wulstrand für eine zweite, gleiche Spitze umwickeln (nicht nähen).

6 Halten Sie die Spitze gleich hinter dem gelben Block der Vorrunde mit 2 Stichen fest.

Nehmen Sie als nächstes den gelben Faden. Nähen Sie bis vor den pinkfarbenen Block. Arbeiten Sie auf diese Weise weiter um den Korb herum, bis Sie die achte und letzte Spitze gewickelt haben. Nähen Sie diese Spitze mit 4 oder 5 Stichen fest.

Schneiden Sie danach fast alle Fäden des Kernmaterials ab, so daß er beim Weiternähen sehr schnell ausläuft. Vernähen Sie das Ende des Wulstkerns sehr sorgfältig. Ziehen Sie den Faden dann ein kurzes Stück durch die Naht zurück, und schneiden Sie das Ende ab.

6

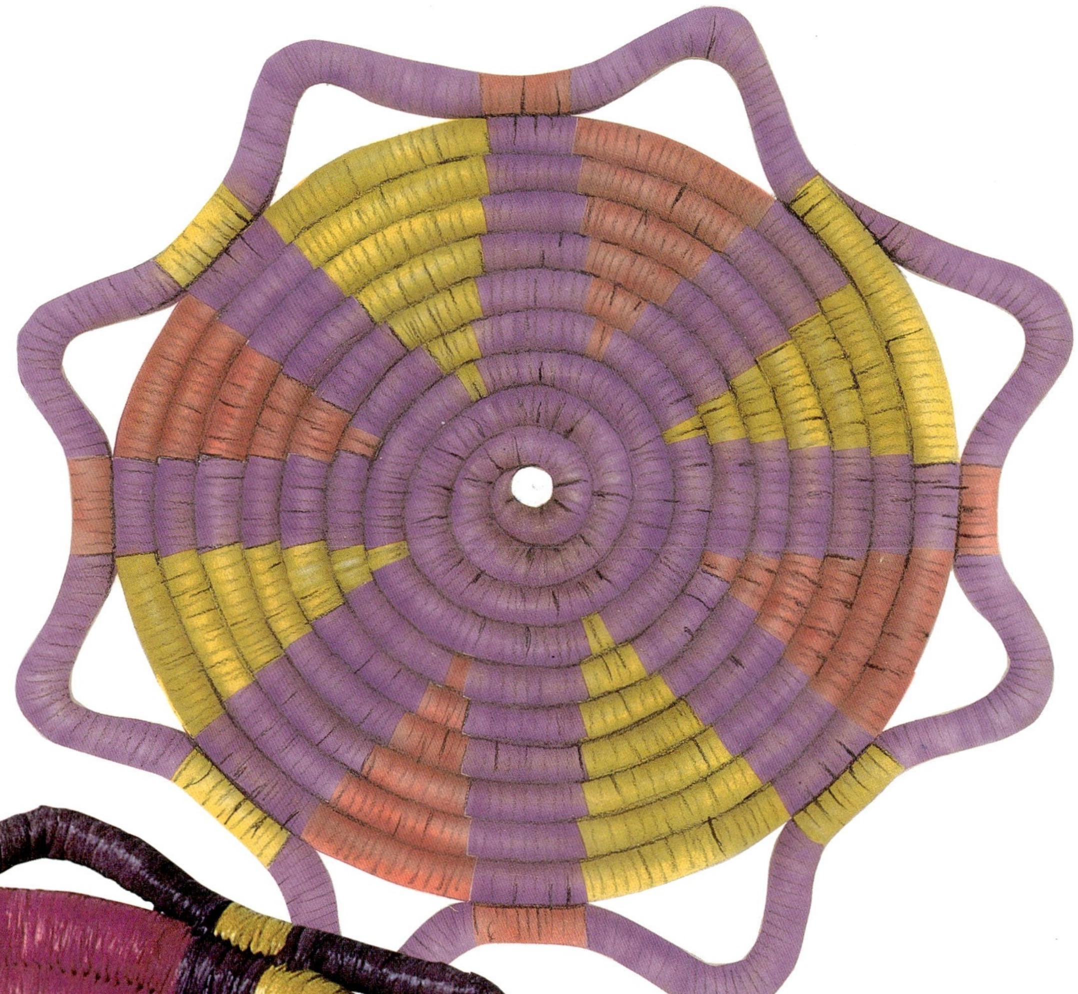

vollständiges Muster mit Kante

DANKSAGUNG

Ich danke den folgenden Personen, die mich entweder in der Absicht unterstützt haben, eine Korbmacherin zu werden oder bei der Vorarbeit zu diesem Buch – oder bei beidem: Jill Brownbill, meiner Kunstlehrerin in der Schule, die mich in vielen unnützen Teenager-Jahren ermutigte und nie die Hoffnung aufgegeben hat, daß ich eines Tages etwas Nützliches vollbringen würde.

Lois Walpole und Mary Butcher, zwei meiner Tutoren am (früheren) London College of Furniture (jetzt London Guildhall University), die mir das meiste beigebracht haben, was ich heute über Korbflechten weiß. Lois' eigene Arbeiten waren nicht nur Anregung für mich, sondern Offenbarung; Mary öffnete mir die Augen für das Korbflechten als Volkskunst, die sich unter historischen und ethnologischen Gesichtspunkten zu erforschen lohnt.

Dick Speed von der Technology Associates in Oxon, der meinen Namen als Autorin für dieses Buch ins Spiel brachte.

Dem Korbflechter-Verband und der Kunsthandwerks-Gesellschaft, die meine Flechtversuche mitgetragen haben.

Vielen Freunden, hier besonders Mike Kidron und Mary Butcher, die mir bei diesem Buch geholfen haben.